Regina Hiller

Narrative in der Behandlung von Kindern mit PTBS

AF154734

Regina Hiller

Narrative in der Behandlung von Kindern mit PTBS

Südwestdeutscher Verlag für Hochschulschriften

Impressum / Imprint
Bibliografische Information der Deutschen Nationalbibliothek: Die Deutsche Nationalbibliothek verzeichnet diese Publikation in der Deutschen Nationalbibliografie; detaillierte bibliografische Daten sind im Internet über http://dnb.d-nb.de abrufbar.
Alle in diesem Buch genannten Marken und Produktnamen unterliegen warenzeichen-, marken- oder patentrechtlichem Schutz bzw. sind Warenzeichen oder eingetragene Warenzeichen der jeweiligen Inhaber. Die Wiedergabe von Marken, Produktnamen, Gebrauchsnamen, Handelsnamen, Warenbezeichnungen u.s.w. in diesem Werk berechtigt auch ohne besondere Kennzeichnung nicht zu der Annahme, dass solche Namen im Sinne der Warenzeichen- und Markenschutzgesetzgebung als frei zu betrachten wären und daher von jedermann benutzt werden dürften.

Bibliographic information published by the Deutsche Nationalbibliothek: The Deutsche Nationalbibliothek lists this publication in the Deutsche Nationalbibliografie; detailed bibliographic data are available in the Internet at http://dnb.d-nb.de.
Any brand names and product names mentioned in this book are subject to trademark, brand or patent protection and are trademarks or registered trademarks of their respective holders. The use of brand names, product names, common names, trade names, product descriptions etc. even without a particular marking in this works is in no way to be construed to mean that such names may be regarded as unrestricted in respect of trademark and brand protection legislation and could thus be used by anyone.

Coverbild / Cover image: www.ingimage.com

Verlag / Publisher:
Südwestdeutscher Verlag für Hochschulschriften
ist ein Imprint der / is a trademark of
OmniScriptum GmbH & Co. KG
Heinrich-Böcking-Str. 6-8, 66121 Saarbrücken, Deutschland / Germany
Email: info@svh-verlag.de

Herstellung: siehe letzte Seite /
Printed at: see last page
ISBN: 978-3-8381-3754-4

Zugl. / Approved by: Duisburg-Essen, Medizinische Falkultät, Diss., 2012

INHALTSVERZEICHNIS

C. DARSTELLUNG DER ERGEBNISSE

D. DISKUSSION UND SCHLUSSFOLGERUNGEN

1. Einleitung

Durch traumatische Ereignisse werden Kinder in ihrem Grundvertrauen an die schützende Fürsorge wichtiger Bezugspersonen erschüttert und tiefgreifenden Ängsten, Gefühlen von Hilflosigkeit, Ohnmacht und Verzweiflung ausgesetzt. Naturkatastrophen und Unfälle werden in der Regel psychisch besser verarbeitet, als sog. „man-made disaster". Diese führen zu besonders schweren Traumata, insbesondere dann, wenn sie nicht unpersönlich, sondern innerfamiliär und durch langjährige kumulative sexuelle und/oder gewalttätige Misshandlung sowie emotionale Vernachlässigung ausgelöst werden (Weinberg, 2006 & Terr, 1991). Je früher die Traumatisierung einsetzt, je häufiger Trauma-Ereignisse auftreten, je unerwarteter das (Erst)Trauma eintritt und je intensiver die Trauma-Ereignisse in den Identifikationsprozess des Opfers eingreifen, desto gravierender, tiefgreifender und chronifizierter sind die psychosozialen Folgewirkungen für das Kind (Weinberg, 2006, S. 24).

Der „Weltbericht Gewalt und Gesundheit" der Weltgesundheitsorganisation von 2003 geht aufgrund von Schätzungen davon aus, dass im Jahr 2000 weltweit 57 000 Kinder unter 15 Jahren umgebracht wurden. Kinder in der Altersgruppe 0–4 Jahre waren doppelt so häufig Opfer von Tötungsdelikten (5,2 pro 100000) wie Kinder zwischen 5 und 14 Jahren. Die üblichsten Todesursachen waren „Kopfverletzungen, Unterleibsverletzungen und absichtlich herbeigeführter Erstickungstod. Alter und Geschlecht waren wesentliche individuelle Faktoren der Viktimisierung" (ebd., S. 21). Im Allgemeinen leiden kleinere Kinder am meisten unter körperlichen Misshandlungen, während bei Kinder in der Pubertät oder unter Jugendlichen die höchsten Raten des sexuellen Missbrauchs zu finden sind. „In den meisten Fällen werden Jungen häufiger geschlagen und überhaupt körperlich bestraft als Mädchen, während letztere stärker der Gefahr ausgesetzt sind, Opfer von Kindestötung, sexuellem Missbrauch und Vernachlässigung zu werden und auch häufiger zur Prostitution gezwungen werden" (ebd., S. 20/21).

Studien belegen seit Jahren eindrücklich den Zusammenhang zwischen traumatogenen Erlebnissen und negativen Folgewirkung für die psychosoziale Entwicklung von Kindern und Jugendlichen. Im Folgenden werden drei Studien exemplarisch aufgezeigt, die die dramatischen Wirkungen unverarbeiteter traumatischer Erfahrungen auf die emotionale und soziale Entwicklung belegen.

1. Copeland et al. (2007) befassten sich in ihrer Longitudinalstudie, der „Great Mountains Study", mit der epidemiologischen Entwicklung von Traumata und posttraumatischen Stresssymptomen bei 1420 Kindern im Alter von 9-13 Jahren bis zu ihrem 16. Lebensjahr. Sie kamen zu dem Ergebnis, dass mehr als 2/3 aller Kinder von einem traumatischen Ereignis betroffen waren. 13.4% dieser Kinder entwickelten eine PTSD-

7

Symptomatik, weniger als 0.5% wiesen das Vollbild einer PTSD- Störung nach DSM-IV auf. Gewalt und sexueller Missbrauch zeigten jeweils die stärkste Symptomausprägung (ebd., S. 577).

2. *Wetzels (1997)* wies in seiner empirischen Untersuchung von 1995 zur Erfassung physischer und sexueller Gewalterfahrungen in der Kindheit daraufhin, dass von 3289 befragten Personen im Alter von 16 bis 59 Jahren 74.9% in ihrer Kindheit physische Gewalt seitens der Eltern ausgesetzt waren (ebd., S. 13). Von schwerer Gewalt durch die Eltern im Sinne von strafrechtlich relevanten körperlichen Misshandlungen berichteten insgesamt 10.6%. Insgesamt waren mehr Männer als Frauen von früheren elterlichen Gewalterfahrungen betroffen. Des Weiteren fanden die Gewalthandlungen der Eltern in Abhängigkeit vom sozioökonomischen Status statt; je niedriger der sozioökonomische Status, desto höher die Gewaltrate durch die Eltern (ebd., S. 15). In der Mehrzahl der Fälle erlebten Betroffene nicht nur körperliche Gewalt seitens der Eltern, sondern wurden ebenfalls sexuell missbraucht (ebd., S. 19). Vom sexuellen Missbrauch mit und ohne Körperkontakt waren insgesamt 18.1% der befragten Frauen und 7.3% der befragten Männer betroffen (ebd., S. 14). Insgesamt waren die Opferraten für sexuellen Missbrauch bei den betroffenen Männer signifikant niedriger als bei den betroffenen Frauen.

Insgesamt bezeichnete Wetzels (1997) die multiplen Traumatisierungen als „die Regel". Sexuell missbrauchte Personen waren in der Mehrzahl der Fälle auch körperlicher Gewalt durch ihre Eltern ausgesetzt. Insgesamt kam dabei physische Gewalt *„quantitativ"* ein höherer Stellenwert zu als dem sexuellen Missbrauch (ebd., S. 20). Gewalterfahrungen in der Kindheit werden als einen *„zentralen Risikofaktor der Beeinträchtigung der menschlichen Entwicklung"* bezeichnet, deren negative Folgen bis in das Erwachsenenalter hereinreichen (ebd., S. 1).

Wetzels et al. (1999) konstatierte an anderer Stelle in einer weiteren empirischen Untersuchung zur innerfamiliären Gewalt gegen Kinder von 1998 im Rahmen der Schülerbefragung des kriminologisches Forschungsinstitutes (KFN) den Einfluss früher Gewalterfahrungen auf das eigene Gewaltpotential männlicher Jugendlicher. Hinsichtlich der betroffenen weiblichen Jugendlichen stellt er eine erhöhte Ohnmacht und Bereitschaft zur Unterwerfung fest (ebd., S. 39). Die Gewalterfahrungen stellen einen *„unmittelbaren Risikofaktor für die kognitive, emotionale und soziale Entwicklung"* dar (ebd., S. 11).

3. *Thyen et al. (2000)* dokumentierten zwischen Januar und Juni 1997 prospektiv alle neu gemeldeten Fälle in elf deutschen Kinderschutzzentren mit Hilfe eines standardisierten

Erhebungsbogens und werteten die anonymisierten Bögen zentral aus. Es wurden 263 Kinder aus 251 Familien erfasst. Die Mehrzahl der betroffenen Kinder war unter zehn Jahren alt, davon waren 63% Mädchen und 37% Jungen. Von den 263 Kindern waren 134 sexueller Misshandlung mit Körperkontakt ausgesetzt, 20 sexueller Misshandlung ohne Kontakt, 77 körperlicher Misshandlung, 62 emotionaler Misshandlung und 99 Vernachlässigung, wobei Mehrfachnennungen möglich waren. Über 1/10 gab Mehrfachbenennungen an. Der Grad der Traumatisierungen wurde als schwerwiegend in der Mehrzahl der Fälle eingeschätzt. Die überwiegende Zahl der Kinder und Jugendlichen litten unter emotionalen Störungen oder posttraumatischen Stresssymptomen. Insgesamt wurden bei 55% der Kinder und Jugendlichen eine Störung der sozialen und emotionalen Entwicklung festgestellt sowie bei über 1/4 eine Entwicklungsretardierung.

Abschließend kann daher festgestellt werden, dass Kinder und Jugendliche, die traumatisiert wurden, von deutlichen emotionalen, motivationalen kognitiven und behavioralen Veränderungen betroffen sind. Diese Veränderungen bergen die Gefahr der Chronifizierung und der Ausbildung komorbider Störungsbilder (Tagay et al., 2011b, S. 4).

In der Fachwelt wird immer wieder darauf hingewiesen, dass wenige Studien zur Behandlung von komplextraumatisierten Kinder vorliegen, was als *„Defizit der heutigen Wirksamkeitsforschung"* bezeichnet wird (Landolt, 2010, S. 81).

Vor dem Hintergrund der beschriebenen Studien und der defizitären Befundlage in der Behandlung von multiplen traumatisierten Kindern möchte die vorliegende Interventionsstudie einen Beitrag dazu leisten, komplextraumatisierte Kinder eine kindgerechte traumafokussierte psychotherapeutische Behandlung zu unterziehen, um die negativen beschriebenen Folgewirkungen schwerer Traumatisierungen positiv zu beeinflussen. Daher untersuchte die vorliegende Interventionsstudie die Wirksamkeit des Einsatzes von Narrativen (autobiographische Geschichten), eine kreative Variante des EMDR-Verfahrens (Eye-Movement-Desensitization and Reprocessing) als eine Form der Traumakonfrontation in der Behandlung von Kindern mit posttraumatischer Belastungsstörung (engl. PTSD), die in der Regel langandauernden kumulativ wirkenden traumatischen Erfahrungen in der Vergangenheit ausgesetzt waren.

Um die Studie in die wissenschaftliche Diskussion einzubetten, wird in dem *2. Kapitel* die Entwicklung der ersten Traumakonzepte bis zur Gegenwart vor dem Hintergrund ihrer klinischen Bedeutung skizziert.

Das 3. Kapitel möchte auf die Komplexität der Verarbeitungsprozesse traumatischer Erfahrungen und Modelle der Speicherung des Traumas in unterschiedlichen

Gedächtnissystemen auf der Grundlagen neurophysiologischer Erkenntnisse hinweisen und diese mit klinischen Erscheinungsformen verknüpfen, die die unterschiedliche Abspeicherung von traumatischen und nicht traumatischen Erfahrungen verdeutlichen.

Das *4. Kapitel* setzt sich mit der Entwicklung der diagnostischen Kriterien des ICD-10, DSM-III und DSM-IV auseinander. Des Weiteren werden aktuelle Überlegungen zur Einführung einer neuen kindgerechten Diagnose der „Traumaentwicklungsstörung" zur Erfassung der Symptomatik von sequentiell traumatisierten Kinder erörtert und auf ihre klinische Relevanz überprüft.

Im *5. Kapitel* werden allgemeine empirische Studien über die Wirksamkeit von EMDR bei Kindern mit PTBS vorgestellt. Die Narrative Expositionstherapie (KIDNET) von Neuner et al. (2009) ist der einzige im deutschsprachigen Raum bekannte Ansatz, der eine vergleichbare Trauma- Exposition mit Narrativen in der Behandlung von traumatisierten Kindern nicht nur verfolgt, sondern diesen auch in Katastrophengebieten empirisch überprüft hat. Daher beschäftigt sich das 5. Kaptitel mit den wesentliche Leitlinien der KIDNET-Konzeption und den Ergebnissen von empirischen Studien über diesen Ansatz. Des Weiteren wird KIDNET mit dem hier vorgestellten Ansatz verglichen.

Das *6. Kapitel* stellt das methodische und therapeutische Vorgehen sowie die Hypothesenentwicklung, die aus den theoretischen Annahmen über die Wirksamkeit von Narrativen abgeleitet wurden, vor.

Das *7. Kapitel* beschäftigt sich mit der Bestätigung der verschiedenen Hypothesen der Interventionsstudie und das *8. Kapitel* diskutiert Inhalte weiterführender Forschung und zukünftiger Behandlungsstrategien in der Therapie von schwer traumatisierten Kindern. Eine Zusammenfassung der vorliegenden Studie beendet im *9. Kapitel* die Arbeit.

A. THEORETISCHER HINTERGRUND

2. Entstehung erster Traumakonzepte bis zur Gegenwart

An dieser Stelle soll die Entwicklung der ersten Trauma- Konzepte bis zur Gegenwart vor dem Hintergrund ihrer klinischen Relevanz kritisch betrachtet und reflektiert werden. In diesem Zusammenhang stellen sich Fragen wie: Was ist ein Trauma? Oder, ist ein Trauma ein Ereignis oder ein Erlebnis? Diese Auseinandersetzung zwischen äußerer Realität und dem inneren Erleben war für die Entwicklung des Trauma-Begriffes, die ihren Anfang in der Psychoanalyse nahm, wichtig (Fischer & Riedesser, 2009, S. 63).

Betrachtet man die geschichtliche Entwicklung der Trauma-Konzepte, fällt auf, dass erst seit der zweiten Hälfte der achtziger Jahre des vergangenen Jahrhunderts eine Synthese zwischen äußerer und intrapsychischer Realität und deren gegenseitige Beeinflussung und Abhängigkeit hervorgehoben wurde. Vor den 80er Jahren wurden Folgewirkung realer Traumatisierungen nur unzureichend (an)erkannt. So kehrten als Folge des 1. Weltkriegs schwer traumatisierte Soldaten von der Front zurück und wurden als sogenannte „*Kriegszitterer*" bezeichnet und als „*Simulanten, Feiglinge oder moralische Invaliden*" herabgewürdigt (Flatten, 2010, S. 194). Die seelische Traumatisierung als solche zu benennen und daher als reale kriegsbedingte psychische Erkrankung anzuerkennen, blieb den Betroffenen versagt. Das gleiche Phänomen der gesellschaftlichen Verleugnung realer Traumatisierungen von Betroffenen und deren subjektiven Reaktionen auf Extremtraumata wiederholte sich als Folge des 2. Weltkriegs und insbesondere als Folge der Judenvernichtung, deren Überlebende um die Anerkennung ihrer seelischen Verletzungen kämpfen mussten (Bergmann et al., 1995).

Betrachtet man die Anfänge in der Psychotraumatologie ist zunächst *Pierre Janet* (1904) zu nennen, der sich als einer der Ersten mit der Frage beschäftigte, wie sich traumatische Ereignisse auf den psychischen Verarbeitungsprozesse auswirken (Fischer & Riedesser, 2009, S. 36/37). Er nahm an, dass die Emotionen, die mit dem traumatischem Erleben verbunden sind, von der Psyche nicht bewältigt werden können, sondern verdrängt und dissoziert werden. Dennoch blieben innere Bilder, Kognitionen und emotionale und physiologische Zustände als nicht integrierbare Erlebniszustände bestehen und beeinflussten das Verhalten und Erleben. Um die traumatischen Erinnerungen zu integrieren, sei eine Überführung der dissoziierten Erinnerungen und Affekte in eine Erzählung notwendig (Fischer & Riedesser, 2009, S. 37).

Ein weiterer wichtiger Pionier in der Geschichte der Psychotraumatologie war *Sigmund Freud* (1856-1947), der in seinen späteren Erörterungen mit der Konzeption der traumatischen Neurose den Grundstein für die Entwicklung von Trauma-Konzepten, die sich mit Extremtraumatisierungen beschäftigen, legte. In *Jenseits des Lustprinzip* (1920) und in

Hemmung, Symptom und Angst (1926) beschreibt er, dass der Reizschutz durch ein Trauma durchbrochen und das ICH mit einem Übermaß an Erregung überflutet wird. Angst ist als Reaktion auf die Hilflosigkeit in Folge einer traumatischen Situation zu verstehen (Freud, 2000, S. 231, Band VI). Er stellte fest, dass es Patienten gibt, die in der analytischen „Kur" das Verdrängte nicht erinnerten, sondern als gegenwärtiges Erleben ständig wiederholten, um im Nachhinein, die überwältigenden „Reizquanten" zu verarbeiten (Freud, 2000, S. 229, Band III). Freud erklärte in seinem Vortag „zur Ätiologie der Hysterie", den er 1896 vor der Wiener Ärzteschaft hielt, das Krankheitsbild der Hysterie als Folge früher sexueller Traumatisierungen und sah die Dynamik der Hysterie als eine Abspaltung von Vorstellungsinhalten und deren Affekte. Er unterschätzte dabei jedoch die Bedeutung von Realtraumatisierungen, insbesondere in seinem späteren Konzept der Psychoanalyse (Bohleber, 2000).

Der ungarische Psychoanalytiker Sandor Ferenczi (1972) kritisierte Freuds Theorie, indem er auf die nicht ausreichende Beachtung äußerer Faktoren hinwies. Er betonte das Zusammenwirken realer Traumatisierungen und die intrapsychische Verarbeitung als emotionale Antwort auf das Trauma, was er als Internalisierungsprozesse beschrieb. Ferenczi nahm in seiner Schrift von 1933 *„Sprachverwirrung zwischen einem Erwachsenen und einem Kind"* wichtige Erkenntnisse der Traumaforschung vorweg. So betonte er die Spaltung des ICH´s, die Lähmung der Affekte und die Notfallreaktionen des Kindes, die durch das traumatische Geschehen eines sexuellen Missbrauches ausgelöst wurde. Er erkannte, dass die immense Angst durch einen sexuellen Missbrauch ein Kind wehrlos macht und sich in seiner Wehrlosigkeit mit dem Aggressor identifiziert und sich seinem Willen unterwirft.

Diese Unterwerfung unter das traumatische System führe zu einem introjektivem Hineinnehmen des Täters und zur Introjektion des Schuldgefühls. Das Kind fühle sich nach dem sexuellen Missbrauch durch den Erwachsenen konfus und gespalten; es könne sich nicht mehr auf die eigene Sinneswahrnehmung verlassen, da der Täter eine Klärung des Geschehenen und Anerkennung des Erlittenen verweigere (ebd., S. 324). Diese Introjektion des Schuldgefühls wird von Ferenczi als besonders schwerwiegend für das traumatische Erleben eingeschätzt, da nun das Kind die Schuld des Täters übernehme und sich selber einer strafwürdigen Handlung anklage (ebd., S. 324). Durch die Identifikation mit dem Täter, die Ferenci als Introjektion des Angreifers bezeichnet, werde die äußere Realität intrapsychisch aufgenommen und existiere als innere Realität weiter (ebd., S. 324). Durch den Mechanismus der Introjektion der Gewalt und das Akzeptieren des traumatischen Systems versuche das Kind, die lebensnotwendige Beziehung zu den primären Liebesobjekten zu retten. Es schreibe sich selbst die Ursache der Gewalt zu bzw. gebe sich selbst die Schuld. Indem das Böse, das in der traumatischen Gewalt enthalten sei, in das Kind verlagert werde, könne es das gute Bild des betreuenden Erwachsenen erhalten (Ehlert & Lorke, 1988, S. 522).

Das Kind, das sich der Gewalt unterwirft, wird laut Ferenczi (1972) zu einem *„mechanisch-gehorsamen Wesen"*, einem Wesen, das *„lebendig-tot"* sei (ebd., S. 325). Ganz wesentlich zum Ausmaß der Traumatisierung trage dabei der Moment des Alleingelassenwerdens bei. Je weniger die anderen Außenbeziehungen das Erfahrene hilfreich relativieren, desto mehr werde das Kind die narzisstische Zufuhr des Täters benötigen (ebd., S. 325). Das eigentliche Trauma für das Kind sei die Verleugnung der Tat durch den Täter und durch das kindliche Umfeld. Somit wirke nicht nur das Gewaltgeschehen selbst, sondern auch die vom Täter und von einer gleichgültigen Umwelt verunmöglichte Klärung, Auseinandersetzung und Realitätsanerkennung traumatisch (Bohleber, 2000, S. 802/803).

Betrachtet man vor diesem Hintergrund die weiteren geschichtlichen Veränderungen der Psychotraumatologie, so wird deutlich, dass nicht mehr nur primär eine unerträgliche Erregungsmenge, die das Ich überflutet, als wichtiges Agens in der Entstehung von Traumasymptomen betrachtet wird, sondern die Objektbeziehung, zum Schwerpunkt der Trauma-Theorie wurde. Die Objektbeziehungstheorie stützte sich nicht mehr nur auf die innerseelischen Konflikte, sondern auch auf die Objektbeziehungen und ihre intrapsychischen Niederschläge, wobei sich die erfahrenen Beziehungsqualitäten maßgeblich auf die Entwicklung der Selbstrepräsentanzen (Selbstbilder) auswirken (Mertens, 2000, S. 94).

Balint (1970), der als einer der ersten den objektbeziehungstheoretischen Ansatz innerhalb der Trauma-Konzepte entwickelte, konstatierte, dass sich Freuds Theorien zur Erklärung der klinischen Diagnose der traumatischen Neurose als ergänzungsbedürftig erscheinen lassen, da traumatische Erfahrungen vor dem Hintergrund erlebter Objektbeziehungen zu verstehen seien. Balint nahm die äußere und die intrapsychische Realität als unverzichtbare und gleichwertige Bestandteile eines Trauma- Konzeptes an. Die traumatische Realität sei dadurch charakterisiert, dass die pathogenetsich wichtigsten Traumata in der frühen Kindheit auftreten und zwischen dem Kind und dem traumatogenen Objekten eine intensive Beziehung bestanden haben muss. (ebd. S. 351).

Es dauerte damit etwa ein halbes Jahrhundert, bis der Beziehungsaspekt auch in der Objektbeziehungstheorie sowie in die Traumaforschung Eingang fand. Die Synthese zwischen intrapsychischer und äußerer Realität und ihre gegenseitige Beeinflussung wurden damit zu grundlegenden Elementen der Trauma-Konzepte.

Mertens (2000) stellt zusammenfassend fest, dass die Objektbeziehungstheoretiker den Schwerpunkt auf die frühen Interaktionsvorgänge zwischen Mutter und Kind legten und dabei auf die Auswirkungen aufmerksam machten, die mangelhafte mütterliche Fürsorge und

Empathie im Rahmen der (von Mahler et al. 1975 beschriebenen) frühen Entwicklungsphasen, wie Symbiose, Differenzierung, Übungsphase, Wiederannäherung und Objektkonstanz, nach sich ziehen. Des Weiteren sei es das Verdienst der Objektbeziehungstheoretiker, dass sie die Konsequenzen mangelhafter Internalisierung für die Repräsentanzenwelt des Kindes und die damit einhergehende Beeinträchtigung der Ich-Funktionen, detailliert beschrieben. Ihre Konzeptentwicklungen, wie die ‚Grundstörung' von Balint (1970), das ‚kumulative' Trauma von Khan (1963) und die ‚Störungen in der Trennung und Individuation' von Mahler et. al. (1975), wiesen alle auf den Zusammenhang von frühen traumatischen Beziehungserfahrungen und einem gestörten Verlauf der Entwicklungsphasen der Kinder hin, was eine erhebliche Ich-Schwächung verursache (Mertens, 2000, S. 97/98).

Ausgehend von den frühen Trauma-Konzepten kann der Einfluss unterschiedlicher Theorien auf die weitere Entwicklung der Trauma- Konzepte bis zur Gegenwart folgendermaßen beschrieben werden:

1. M.R. Khan (1963) prägte in den Begriff des „kumulativen Traumas", das aus immer wiederkehrenden Versagen der Mutter entsteht. Die für eine gesunde Entwicklung des Säuglings und Kleinkindes lebensnotwendige Reizschutzschranke wird ständig durchbrochen, was zur Ausbildung unterschiedlicher psychischer Krankheitsbilder führen kann (Fischer & Riedesser, 2009, S. 42).

2. J. Bowlby (1976) untersuchte die Auswirkungen frühkindlicher Deprivation wie den frühen Verlust von wichtigen Bezugspersonen, häufig wechselnde Bezugspersonen und Trennungstraumata. Er stellte die frühe gestörte Mutter-Kind-Interaktion in den Mittelpunkt einer Trauma- Genese.

3. R. Spitz erforschte 1965 die Folgen des frühen Entzug affektiver Zuwendung. Er beschrieb das frühe Krankheitsbild der anaklitischen Depression bei Kindern (Bohleber, 2000, S. 803).

4. D.N. Stern (1985) sah die Folge massiver Traumatisierungen in einer *katonoiden* Reaktion, *„einem Erstarren und in einem agitierten Bewegungsdrang"* und beschrieb damit als erster autoprotektive Notfallreaktionen der Psyche, die als Bewältigungsstrategien dienen, um das Trauma zu überleben (Fischer & Riesesser, S. 43).

5. H. Krystal (1968) beschrieb die katanoide Reaktion auf ein schweres Trauma von Holocaust-Überlebenden mit der Gefahr der Aufgabe aller Selbsterhaltungsfunktionen. Er unterschied als erster zwischen schweren und leichteren Formen des Traumas (Fischer & Riedesser, 2009, S. 43-44).

14

6. B.A. van der Kolk (2000) beschrieb, dass traumatische Erfahrungen als unintegrierte Inhalte vorliegen, die in Form von affektiven Zuständen, somatischen Empfindungen, als *„Gerüche, Geräusche und visuelle Bilder"* im Gedächtnis gespeichert sind und durch Hinweisreize (sog. „Trigger"), die an das ursprüngliche Trauma erinnern, in das Bewusstsein einbrechen (Bohleber, 2000, S. 806).

7. Die bahnbrechenden Arbeiten von M.J. Horowitz von 1976 zur Stress- und Traumatheorie haben dafür gesorgt, dass die Stresssymptome des PTSD in diagnostische Manuale der APA (American Psychiatric Association) aufgenommen wurden. Darüber hinaus wies Horowitz auf den phasenhaften Verlauf der traumatischen Reaktion auf ein Trauma als einen zentralen Bewältigungsmechanismus hin. In diesem Kontext betonte er besonders den bi-phasischen Verlauf der traumatischen Reaktion von Intrusion und Verleugnung. Er beschrieb detailliert in seiner Stress- und Trauma-Theorie die „normale" psychische Reaktion auf ein Trauma durch folgende unterschiedliche Phasen: 1. *„outcry"* als normale Antwort auf das Trauma mit Gefühlen von Angst, Trauer und Wut; 2. *„denial"*, die Verleugnung des Erlittenen; 3. *„intrusion"*, dem Eindringen von Gedanken und Erinnerungsbildern, 4. *„working through"* das Durcharbeiten und die Anerkennung des Geschehenen; 5. *„completion"*, der Abschluss und die Integration der Erfahrung in die Lebensgeschichte. Die Phasen *„denial"* und *„intrusion"* laufen dabei oszillierend ab. Die pathologischen Varianten der 3. und 4. Phase manifestieren sich als Erstarrungszustände sog. *„frozen states"* mit körperlichen Irritationen, ausgeprägten Vermeidungstendenzen mit phobischen Zügen und affektiver Gefühllosigkeit (ebd., S. 147 & Fischer & Riesesser, 2009, S. 97/98).

8. A. Kardiner (1941) beschrieb in seinem Buch: *„The traumatic neuroses of war"* während des 2. Weltkrieges die traumatische Neurose als eine „Physioneurose". Es ging ihm darum, die physiologische Symptomatik, die durch traumatischen Stress ausgelöst wurde, zu erfassen. Die komplexe Symptomatik unterteilte er in akut und chronisch auftretenden Symptomen. Er beschrieb situationsbezogene traumaassozierte Symptome von Angst, Alpträumen und Phobien, emotionale Dysregulationen, wie impulsives Verhalten und Depressionen mit Lustlosigkeit und raschen Ermüdungserscheinungen sowie Beziehungsstörungen, die sich in Misstrauen, instabilen Beziehungsgestaltungen, Wutausbrüchen und Gewalt äußern. Seine Ausführungen galten als Vorläufer von Symptomenkomplexen einer PTSD, die in den gängigen Klassifikationsschemata (ICD-10 & DSM-IV) erfasst wurden (Fischer & Riedesser, 2009, S. 42).

9. Die in den letzten Jahrzehnten sich entwickelnde neurobiologische Perspektive betont die Komplexität der hormonellen Stressantwort in der Hypothalamus-Hypophysen-

Nebennierenrinden-Achse (HPA) mit dem gestörten Regelkreis von Thalamus, Amygdala, Hippocampus und präfrontalem Cortex für subjektive Bewertungen und Selbstzuschreibungen sowie die Dysfunktionen in unterschiedlichen Neurotransmittersystemen (Lamprecht, 2000). Die maladaptiven neurobiologischen Anpassungsvorgänge der traumainduzierten Veränderungen in der Informationsverarbeitung traumatischer Erlebnisse können klinisch durch ein Nebeneinander von *„Hypermnesie und Amnesie"* beschrieben werden sowie durch *„ein Überwiegen des konditionierten emotionalen Gedächtnisse zu Lasten eines narrrativen autobiografischen Gedächtnisses, eine emotionale Bewertung von fragmentarischen sensorischen Informationen noch vor einer bewussten emotionalen Wahrnehmung und adäquaten Realitätskontrolle... ein betonter perzeptiv-affektiver Erlebnisstil sowie ein überwiegender sensomotorischer Reaktionsmodus"* (Kapfhammer et al., 2001, S. 125).

Zusammenfassend und vertiefend können die Meilensteine in der Entwicklung der Psychotraumatologie unter dem Aspekt der klinischen Phänomenologie folgendermaßen beschrieben werden:

Der Kern traumatischer Erfahrungen besteht in der Angst aufgrund der Überflutung der Psyche mit traumatischem Inhalt (Bohleber, 2000, S. 826). Traumatisierte Patienten leiden unter einem „eingefrorenen Zeitgefühl". Erinnerungen, Alpträume und Flashbacks brechen unmittelbar in die Psyche ein und verursachen ein Gefühl, als *„wäre das Ereignis eben passiert"* (Bohleber, 2000, S. 827).

Durch die Erforschung der komplexen schweren Symptomatik von Extremtraumatisierungen, beispielsweise bei Holocaust-Betroffenen, mussten die gängigen Trauma-Theorien dahingehend erweitert werden, dass als neues Hauptcharakteristikum die völlige Zerstörung und Aufgabe des eigenen Selbst mit chronischer Apathie und affektiver Abstumpfung konstatiert wurde (Niederland, 1980). Krystal (1991) betonte den Zusammenhang zwischen dem Extremtrauma als eine äußeren Gefahr und der damit verbundenen subjektiven Interpretationen. Die äußere Gefahr werde vom Subjekt als unentrinnbar eingeschätzt, was eine vollständige emotionale Betäubung und Affektblockade auslöst und sich durch einen katatanoiden Zustand, einem sog. „Automaten-Zustand" („robot-state") mit der völligen Selbstaufgabe und Unterwerfung manifestiere. Es erfolge dauerhaft eine Erstarrung und Abstumpfung aller emotionalen Reaktionen mit der Einengung kognitiver Prozesse an deren Ende der psychogene Tod stand. Eissler (1963) beschrieb eine narzisstische Entleerung mit dem Verlust des Selbstwertgefühles und Rückzug von der Außenwelt, einer chronischen Apathie und Teilnahmslosigkeit sowie einer ausgeprägten depressiven chronischen Reaktion als Ausdruck der Wendung aggressiver Impulse gegen das eigene Selbst. Niederland (1980) beschrieb die pathologische Trauerreaktion und die Überlebensschuld der Überlebenden des Holocaust, die in den *Überlebenden-Komplex* mündete mit der Weitergabe der traumatischen Folgen der Judenvernichtung an die nächste Generation (Bohleber, 2000).

Nach beiden Weltkriegen gerieten die schweren Folgewirkungen von Extremtraumatisierungen bald wieder aus dem Blickpunkt der Forschung. Letztlich waren es erst die traumatisierten Kriegsveteranen des Vietnamkriegs, die die Fachwelt veranlassten, die langfristigen psychosozialen Folgen schwerer Traumatisierungen anzuerkennen und 1980 diagnostisch in einem Klassifikationssystem als posttraumatische Belastungsstörung (PTSD) zu verankern.

Ein weiterführender Aspekt in der Entwicklung von Trauma- Konzepten lag in der Betonung der malignen Internalisierungsprozesse von traumatischen Erfahrungen. Nicht nur die Unterwerfung unter das traumatische System, sondern auch die Internalisierung von Schuldgefühlen, die Reinfantilisierung des Opfers und die traumatische Introjektion des Angreifers wurden in diesem Zusammenhang als wichtige Elemente in der Psychodynamik der traumatischen Reaktion anerkannt (Ehlert & Lorke, 1988, S. 513 ff.).

Im Rahmen der Entwicklung von Trauma-Konzepten wurden seit der Objektbeziehungstheorie die Auswirkungen früher Traumatisierung in jungen Jahren auf die kindliche Entwicklung fokussiert. Da die kindlichen Selbst- und Fremdbilder durch die Interaktionserfahrungen mit den Bezugspersonen strukturiert werden, wirkt sich die Art und die Qualität der emotionalen Beziehungen auf die Entwicklung des psychischen Apparates aus, was ihn mehr oder eben weniger vulnerabel für traumatische Einflüsse macht. Wenn es zu Traumatisierungen in den ersten Lebensmonaten kommt, also in einer Zeit, in der sich der psychische Apparat noch entwickelt, dann kann das Trauma nicht *„ in toto verdräng(t) oder die traumatische Erfahrung gegen andere Erfahrungen ab(ge)grenz(t)"...(werden), weil die notwendigen Strukturen für solche Operationen noch nicht vorhanden sind"* (Diephold, 2002, S. 133). Demnach werden frühe Traumatisierungen, die *„psychisch nicht repräsentiert"* werden können und *„sprachlicher Bewältigung"* nicht zugänglich sind, als diffuse körpernahe Spannungen erlebt, die nicht nur wie *„Fremdkörper"* wirken, sondern sogar *„Teil des Selbst und der Identität"* werden (ebd., S. 133 & vgl. Heigl-Evers et al., 1991). Dies führt dazu, dass ein *„Mangel an Urvertrauen"* entsteht und gute Beziehungserfahrungen nicht internalisiert werden können. In der inneren Welt des Kindes herrscht *„Gefahr, Vernichtung, Gewalt, Chaos"*, die entscheidenden Lebenserfahrung sind *„Unsicherheit und Bedrohung"* (ebd., S. 133). Auf der Verhaltensebene zeigen früh traumatisierte Kinder unkontrollierte Affektausbrüche und Impulshandlungen. Sie leiden unter Selbstwertstörungen und archaischen Ängsten der Vernichtung und Bedrohung sowie unter Trennungsängsten, Bindungsstörungen und Kontaktschwierigkeiten (Weinberg, 2006). Ebenso können *„...Abspaltungen und Fragmentierungen des Ichs, die sich in* *alternierende Ich-Zuständen ausdrücken... wie ein Verhaftet- bleiben am Mißhandler....* " Folge des Traumas sein (Heigl-Evers & Kruse, 1991, S. 125).

Die aktuelle Phase der Entwicklung von Trauma- Konzepten ist durch die Erforschung neurobiologischer Grundlagen in der Herausbildung und Verfestigung psychotraumabedingter Störungen bestimmt. Diese drücken sich klinisch als neurobiologische Korrelate in dissoziativen und posttraumatischen Zuständen wie der Depersonalisation und Derealisation, der Veränderung des Selbst- und Identitätsgefühles aus (Kapfhammer et al., 2001 & Lamprecht, 2000).

3. Verarbeitungsprozesse nach traumatischen Ereignissen

Das Verständnis von der Komplexität der Verarbeitungsprozesse traumatischer Erfahrungen wird durch Erkenntnisse der neurobiologischen Forschung und Modelle einer Speicherung des Traumas in unterschiedlichen Gedächtnissystemen gefördert. Neurobiologische Prozesse wurden dabei mit der klinischen Phänomenologie posttraumatischer Zustände verknüpft.

Im Laufe dieses Kapitels wird auf die Unterschiede und Gemeinsamkeiten unterschiedlicher Konzeptionen eingegangen, die Verlaufsmodelle psychischer Traumatisierungen sowie die Abspeicherung von traumatischen Erfahrungen in unterschiedlichen Gedächtnissystemen beschreiben. Die Darstellung dieser Konzepte ist für das Verständnis der Wirkungsweise der Narrative im Sinne der Integration traumatischer Erfahrungen und der Aufhebung der fragmentarischen Speicherung der sensorischen Erlebnisdetails von entscheidender Bedeutung. Zunächst wird dazu vor dem Hintergrund neurobiologischer Grundlagen auf das psychische Verlaufsmodell von Traumatisierungen eingegangen und Unterschiede zwischen der Verarbeitung von Monotraumatisierungen und sequentiellen Traumatisierungen herausgearbeitet.

3.1. Verlaufsmodelle der psychischen Verarbeitung von Traumatisierungen

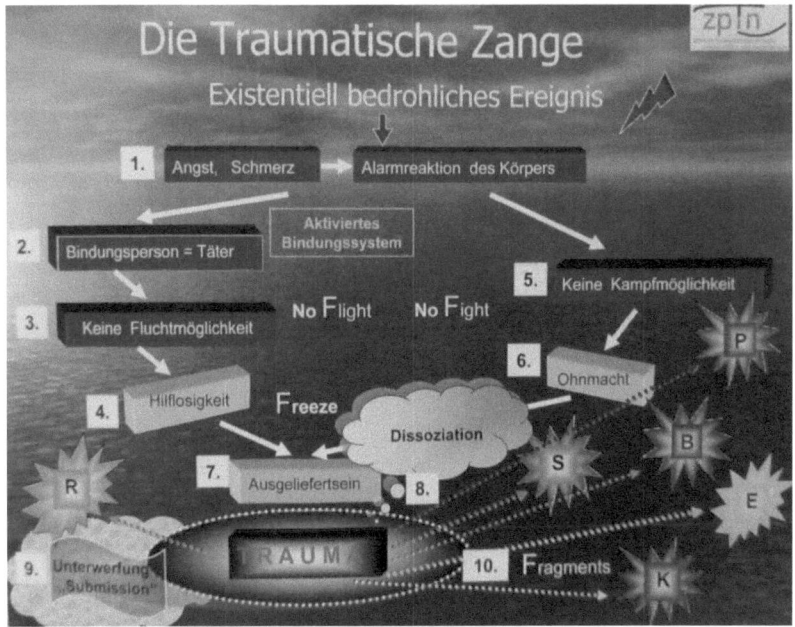

Abb.1: Die Dynamik der traumatischen Zange (Hüther, et al., 2010)

19

Die Reaktionskaskade beginnt mit der Alarmreaktion des Körpers auf ein existentiell bedrohliches Ereignis. Der Betroffene, in unserem Fall das Kind, reagiert mit Angst und Schmerz auf die Bedrohung und wendet sich an Bezugspersonen, von denen Hilfe erwartet wird. Fatalerweise findet sich der Täter oft unter den wichtigen Bezugspersonen, so dass Flucht und Kampf keine Handlungsoptionen darstellen. Emotional werden Gefühle tiefer Hilflosigkeit und Ohnmacht ausgelöst. Es entsteht ein tiefgreifendes Gefühl des Ausgeliefertseins. Die Psyche greift zu den *„autoprotektiven Notfallreaktionen"*, *der Dissoziation (Erstarren, Wahrnehmungsverzerrungen, Ausblendungen) und der Unterwerfung (submission)* (Hüther, et al., 2010, S. 21). Lamprecht (2000) spricht davon, dass die *„Unfähigkeit, Erlebtes zu begreifen"* dazu führt, dass das Trauma als *„....sensorische Fragmente besteht oder als intensive emotionale Zustände, welche nicht unbedingt sprachliche Komponenten haben müssen und jederzeit wiederbelebt werden können"* (ebd., S. 47).

Folge der Kaskadenwirkung ist die fragmentarischen Speicherung des sensorischen Inputs, was eine *„Versprachlichung und Kontextualisierung in Raum und Zeit"* durch die Blockade von Broca-Sprachzentrum und Hippocampus in Zusammenarbeit mit dem Frontalhirn unmöglich macht (Hüther et al., 2010, S. 22). Die belastende Erfahrung wird sozusagen *„splitterhaft"* abgespeichert. Diese alten Koppelungen der abgespeicherten Bilder (P für Pictures), Gedanken (K für Kognition, hier: negative Gedanken in der Situation des Ausgeliefertsein), Verhaltensweisen (B für Behavior, hier: Verhalten, das das Überleben sichern soll), Körperreaktionen und Sinneseindrücke (S für Sensation) und Gefühle (E für Emotionen, hier: Angst, Ohnmacht, Hilflosigkeit) werden in sogenannten Flashbacks, den Rückblenderinnerungen aktiviert (Hüther, 2010, S. 21).

Die Aktivierung dieser alten traumabezogenen Wahrnehmungen geht mit einer Reihe von neuronalen Aktivierung von Netzwerken einher: Die Netzwerke im Stammhirn (Herzfrequenz und Blutdruckveränderung, Erstarrung); kortikale Netzwerke für bestimmte Sinneswahrnehmungen zur Verarbeitung akustischer, optischer, taktiler und olfaktorischer Reize; Netzwerke im limbischen System für die Generierung von Angst und Furcht; Netzwerke des präfrontalen Cortex zur Bewertung von Ohnmacht und Hilflosigkeit als höchster Verarbeitungsstufe (Hüther, et al., S. 22).

Hüther et al. (2010) benutzen das Bild einer Zwiebel, um die Folgen dieser komplexen Kaskadenreaktion mit der Ausbildung eines *„der kognitiven Bewertung nicht mehr zugänglichen Schachtes"*, der bis ins Innere einer *„Zwiebel"* hineinreicht, zu erklären (ebd., S. 22). Jede Erregung eines traumabasierten Netzwerkes auf einer der beschriebenen Netzwerkebenen (kortikale Netzwerke, Netzwerke des limbischen Systems, Netzwerke im Stammhirn und Netzwerke des präfrontalen Cortex) reaktiviert die damals entstandenen

Kopplungen und wirkt wie *„ein Hineinfallen in den alten, durch den tiefen Einschnitt gebildeten und in Form miteinander verkoppelter Netzwerke stabilisierten Schacht"* (ebd., S. 23) **(Abb.2)**.

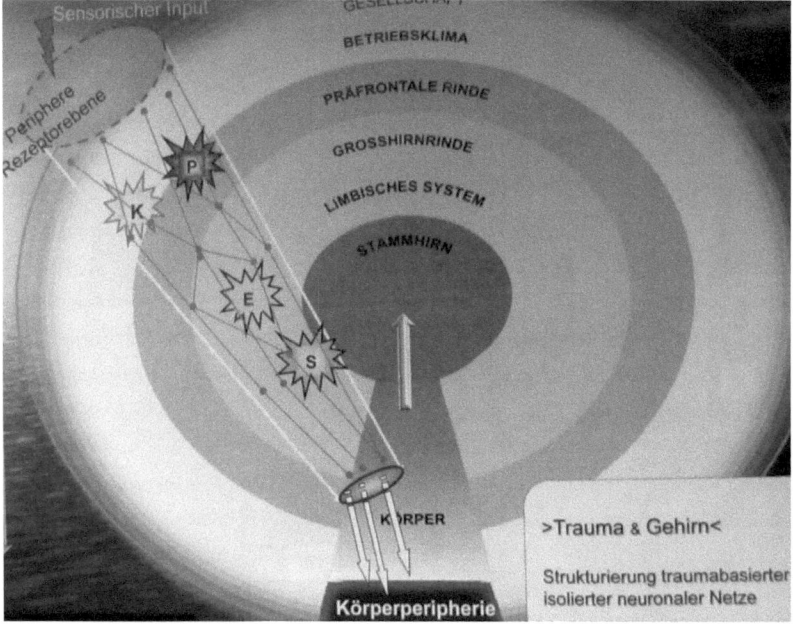

Abb.2: Zwiebelschacht (bei Monotraumatisierungen) (Hüther et al., 2010)

Van der Kolk (2000) spricht in diesem Kontext von der *„Einzigartigkeit traumatischer Erinnerungen"*, indem er auf die Amnesien oder Hypermnesien als Ausdruck der Unfähigkeit, die traumatische Erfahrungen in das autobiografische Gedächtnis zu überführen, hinweist (ebd., S. 224). *„Thalamus, Amygdala, Hippokampus und präfrontalen Kortex, die alle an der schrittweisen Integration und Interpretation der sensorischen Informationen beteiligt sind, werden durch zu hohe Erregung gestört..... Erinnerungen werden dann in Form von affektiven Zuständen oder in sensomotorischen Modalitäten, in Form von somatischen Empfindungen und visuellen Bildern gespeichert. Die emotionalen Erinnerungen sind relativ unauslöschlich...."* (ebd., S. 237).

Bei sequentiellen Traumatisierungen entstehen zusätzliche neue Kopplungen, was zu einer Erweiterung der bisherigen aneinander gekoppelten Netzwerke führt. Die neuen Kopplungen (Bewertungen, Gefühle, Körperreaktionen, Sinneswahrnehmungen) werden mit den bereits während der primären Traumatisierung gekoppelten und erneut aktivierten alten Verschaltungsmustern (kortikale Netzwerke, Netzwerke des limbischen Systems und präfrontalen Netzwerke) verknüpft. Es entstehen zusätzliche, nebeneinanderbestehende *„KKEV-Muster (Kognitions-Körper-Emotions-Verhaltensmuster)"*, die für die Aktivierung komplexer Rückblenderinnerungen verantwortlich sind (Hüther et al., 2010, S. 24).

Folge der voneinander getrennt bestehenden und wechselhaft auftretenden stabilen KKEV-Muster ist eine sogenannte *„Ego-State"*- Störung oder *Dissoziative Störung* (sekundäre strukturelle Dissoziation). Diese geht mit unterschiedlichen Ich-Zuständen und *„traumakompensatorischer Verhaltensmuster"* einher (Verstärkung von Ablenkung, Abspaltung, Verdrängung), die sich im Alttag neben *„alltagstauglichen Facetten der Persönlichkeit"* durch *„voneinander abgespaltene Traumastates, die nicht mehr ausreichend steuerbar"* sind, manifestieren (ebd., S. 24). Bei frühen sequentiellen Traumatisierungen wie sexuellem Missbrauch und Gewalt kommt es zu sehr viel gravierenden Folgen und unkontrollierbaren Stressreaktionen aufgrund der noch nicht abgeschlossenen Vernetzung und Verschaltung der Hirnstrukturen und der komplexen Verarbeitungsebenen. *„Übererregung, desorganisierte Bindungsmuster, Fluchtimpulse, Kampfreaktionen, Ohnmachts- und Hilflosigkeitserleben, negative Überzeugungen, Dissoziation/Abspaltung in der Untererregung bzw. in der Unterwerfungsposition werden dabei zusammen mit intensiven Körpersensationen zu voneinander völlig abgespaltenen autonom wirkenden Mustern und schließlich durch die sequentielle, oft über Monate und Jahre andauernde Wiederholung der traumatischen Erlebnisse zu Teilidentitäten des betroffenen Menschen, die als dissoziative Identitätsstörung oder auch multiple Persönlichkeitsstörung diagnostisch erfasst wird"* (ebd., S. 26).

3.2. Unterscheidung zwischen impliziten und expliziten Gedächtnissystemen

Ein weiterer Erklärungsansatz der Verarbeitungsprozesse traumatischer Ereignisse liegt in der Aufteilung eines expliziten und impliziten Gedächtnissystems, das bereits seit den 80er Jahren unterschieden und ursprünglich als *„deklaratives (auch episodisches) und nicht deklaratives (oder prozedurales)"* Gedächtnissystem bezeichnet wurde (Maercker & Rosner, 2006, S. 13; vgl. van der Kolk, 2000, S. 222).

Das implizite Gedächtnissystem, das direkt nach der Geburt arbeitet, wird als das sogenannte „Traumagedächtnis" bezeichnet (Schubbe, 2006). Da der Reizschutz durch ein traumatisches Ereignis unvorbereitet durchbrochen wird, werden die einzelnen Sinneseindrücke nicht als eine zusammenhängende Erinnerungsgeschichte mit einem Anfang und Ende und den dazugehörigen Gefühlen, Kognitionen und körperlichen Empfindungen im expliziten Gedächtnis, sondern als Erinnerungsfragmente im impliziten Langzeitgedächtnis abgespeichert. Implizite Prozesse können nicht willentlich kontrolliert und gesteuert werden und sind der verbalen Beschreibung schwer zugänglich (ebd., S. 47). Traumatische Erfahrungen, die im impliziten Gedächtnis abgespeichert sind, werden durch äußere Reize, die an die traumatische Situation erinnern, ausgelöst und als Neuauflage der alten traumatischen Erfahrung erlebt und nicht als *„eine Erinnerung an eine vergangene Erfahrung"* (Ehlers, 1999, S. 15). Auch werden körperliche Reaktionen oder Emotionen aus dem traumatischen Geschehen wieder erlebt, ohne das dabei eine *„bewusste Erinnerung an das Trauma"* vorliegen muss (ebd., S. 16). Die beschriebene Dynamik der Abspeicherung traumatischer Erfahrungen im impliziten Gedächtnis wird im ICD-10 und DSM-IV mit dem Symptom des intrusiven Wiedererlebens beschrieben.

Eine weitere Dynamik der dualen Gedächtnisrepräsentationen liegt in der unzureichenden Verarbeitung und Abspeicherung im expliziten Gedächtnis, das bei der Abwesenheit eines traumatischen Geschehens normalerweise gut funktioniert und alle bewussten und abrufbaren Erinnerungen, Fakten und Lebensereignisse willentlich abrufen kann. Durch das Trauma ist jedoch der Abruf expliziter Gedächtnisinhalte deutlich erschwert, so dass die traumatischen Erfahrungen nicht kontextualisiert und in Verbindung mit anderen autobiografischen Erfahrungen integriert werden können (Ehlers, 1999, S. 16).

Eine ähnliche Unterscheidung trifft Ruf et al. (2008). Sie sprechen von dem „heißen" Gedächtnis, als impliziter Gedächtnisanteil, das von der Amygdala gesteuert wird. In ihm werden *„Fertigkeiten, Fähigkeiten sowie emotionale und konditionierte Reaktionen gespeichert"* (ebd., S. 86). Des Weiteren sprechen sie vom „kalten" Gedächtnis, als expliziter Gedächtnisanteil, das vom Hippocampus organisiert wird. In ihm wird das Wissen über die Welt sowie Fakten über persönlich erlebte Ereignisse festgehalten. Unter stressfreien Bedingungen sind Inhalte der beiden Gedächtnissysteme miteinander verknüpft, so dass Gefühle und sensorische Eindrücke kontexualisiert an Ort und Situation gebunden, abgespeichert werden können. Kommt es zu traumatischem Stress, fehlt eine Verbindung zwischen den Inhalten des heißen und kalten Gedächtnisses fast vollständig. Durch die Verstärkung der Amygdalaaktivitäten kommt es zu einer detaillierten Abspeicherung der Inhalte des heißen/nicht deklarativen Gedächtnisses, jedoch zu einer mangelnden kontextuellen Abspeicherung „kalter Informationen" (Ruf et al., 2008). Vor diesem theoretischem Hintergrund werden Intrusionen dahingehend erklärt, dass die Aktivierung aller Elemente des assoziativen Netzwerkes bei einer Reizkonfrontation, die an das traumatische Geschehen erinnern, aktiviert werden, jedoch eine Aktivierung der Inhalte des kalten Gedächtnisses aufgrund der mangelnden Verknüpfung fehlt (Ruf et al., 2008).

Zusammenfassend wird deutlich, dass die unterschiedlichen Erklärungsansätze grundsätzlich von Unterschieden bei der Speicherung traumatischer Erfahrungen und normalen Alltagserfahrungen ausgehen. Das traumatische Erleben ist gekennzeichnet durch eine fragmentarische Aufsplitterung in Emotionen, Körpersensationen, Kognitionen und

Perzeptionen, die als feste Kopplungen oder als miteinander verbundene traumaassoziierte Netzwerke vorliegen, und kann durch neutrale Reize, die nichts mehr mit dem ursprünglichem traumatischen Geschehen zu tun haben, aktiviert werden. Der Abruf expliziter bzw. „kalter" Gedächtnisinhalte ist erschwert aufgrund der mangelhaften Abspeicherung in das explizite biografische Gedächtnis. Die therapeutischen Implikationen, die sich aus den Konzeptionen ergeben, liegen in der Initiierung eines schrittweisen Verarbeitungsprozesses traumatischer Erfahrungen, indem Kognitionen, Emotionen, Sinneseindrücke und Körpererfahrungen zu einer Erinnerungsgeschichte mit einem Anfang und einem Ende kontextualisiert zusammen gefügt und versprachlicht werden. Hüther et al. (2010) weisen in diesem Zusammenhang daraufhin, dass durch einfühlsame TherapeutInnen, *„alte traumatische Erfahrungen durch eine neue positive Erfahrung"* überlagert werden können (S. 27).

Eine Folge dieser Erkenntnisse ist, dass die drei Phasen der Traumabehandlung (Stabilisierung, Traumakonfrontation und Integration) mittlerweile Standard jeder Traumabehandlung sind (Reddemann, 2001). Die Stabilisierung bewirkt dabei eine Affektregulierung und Ich-Stärkung. Sie dient sozusagen als „Sprungbrett" für die nachfolgende Traumakonfrontation. Stabilisierung im Kinderbereich bedeutet die Fokussierung auf die Ressourcen und auf positive Beziehungserfahrungen. Sie knüpft an die Stärken und Vorlieben des Kindes an. Ist das Kind emotional ausreichend „aufgefüllt" und besteht eine stabile Beziehung zu einer/m empathischen TherapeutIn, dann kann es die nachfolgende Traumakonfrontation, die eine psychische Belastung darstellt, ohne die Gefahr der Überflutung mit traumatischem Material angstfrei erleben.

4. Entwicklung der gängigen Klassifikationsschemata psychischer Störungen und die Einführung einer neuen Diagnose „Traumaentwicklungsstörung"

Dieses Kapitel beschäftigt sich mit Einführung und Entwicklung der Diagnose der posttraumatischen Belastungsstörung in den Diagnosemanualen. Dabei wird besonders das Zusammenwirken objektiver und subjektiver Merkmale eines traumatischen Geschehens in das Blickfeld genommen. Darüber hinaus wird die aktuelle Diskussion um die Einführung einer neuen Diagnose „Traumaentwicklungsstörung" beleuchtet, die die alterstypischen psychopathologischen Symptome von Kindern mit PTSD besser erfassen soll als die gängigen Diagnosemanuale des ICD-10 und des DSM-IV (van der Kolk, 2009).

4.1. Entwicklung von DSM-III, DSM-IV und ICD-10

Es fällt bei der Beschäftigung mit den Diagnosemanualen des DSM-III und der Weiterentwicklung des DSM-IV und des ICD-10 auf, dass die Frage, in welchem Verhältnis das objektive Ereignis und das subjektive Erleben des Traumas stehen, eine zentrale Rolle spielt. Als im Jahr 1980 die Diagnose *Posttraumatic Stress Disorder* (PTSD) in das von der American Psychiatric Association (APA, 1980) herausgegebene Diagnosemanual für psychische Störungen (DSM-III) aufgenommen wurde, war dies, wie bereits beschrieben, zunächst eine Folge der Konfrontation mit einer großen Anzahl von schwer traumatisierten Soldaten aus dem Vietnamkrieg, die in den 60er und 70er Jahren zunehmend wahrgenommen wurden (Flatten, 2010). Nach der Einführung der Diagnose kam es dann schnell zu einer immer differenzierteren Beschreibung der PTSD und ihrer Ursachen (z.B. Naturkatastrophe, schwerer Unfall, häusliche und sexualisierte Gewalt) und die Öffentlichkeit wurde auch für psychische Krankheitsbilder aufgrund von schwerer Traumatisierung in der Kindheit sensibilisiert. Die Weltgesundheitsorganisation folgte 1992 mit der Ausgabe des ICD-10 (WHO, 1992).

Das *DSM-III-R* definiert, dass ein Stressor außerhalb der normalen menschlichen Erfahrung liegen muss, um traumatisch zu wirken (APA, 1987, S. 250). In dem Terminus *posttraumatische* Belastungsstörung des DSM III-R wird somit impliziert, dass ‚Trauma' ein Ereignis umfasst, wobei aber erst *nach* dem Ereignis (post-traumatisch) Symptome entstehen. Der Begriff ‚Trauma' wird also mit dem Ereignis gleichgesetzt. Dies erweist sich als problematisch, denn wenn das Trauma ein objektiver äußerer Vorgang ist, rückt die subjektive Bedeutungszuschreibung traumatischer Ereignisse in den Hintergrund (Fischer & Riedesser, 2009, S. 63).

Das 1994 folgende *DSM-IV* hingegen definiert die traumatische Situation nicht nur durch die äußere Realität, sondern auch durch das subjektive Erleben, was damit als wichtiges Agens in der Entwicklung einer posttraumatische Belastungsstörung erkannt wird (APA, 1994). Die Diagnose PTBS kann demnach nur in den Fällen gestellt werden, in denen Betroffene eine Situation erlebt oder als Zeuge beobachtet haben, die objektiv Tod, Lebensgefahr oder starke körperliche Verletzungen beinhaltete oder eine Bedrohung der körperlichen Unversehrtheit der eigenen oder einer anderer Personen darstellte und in deren Folge sie subjektiv mit Hilflosigkeit, starker Angst, starker Angespanntheit und starker Ruhelosigkeit reagierten.

Beim ICD-10 wird definiert, dass Betroffene einem kurz oder langfristigen Ereignis oder Geschehen von außergewöhnlicher Bedrohung ausgesetzt sein müssen. Der ICD-10 stimmt mit dem DSM-IV auch hinsichtlich der Kernsymptome der PTSD (Übererregung, Intrusion und Vermeidung) überein (Remschmidt & Schmidt, 1994).

- Das Symptom der *Übererregung* spiegelt dabei die ständige Erwartung einer Gefahr wider. Der physiologische Erregungszustand ist durch das erlittene Trauma stark erhöht, so dass Traumatisierte häufig extrem schreckhaft auf unerwartete und vor allem auf spezifische Reize, die mit dem Trauma assoziiert sind, reagieren (Lamprecht, 2000). Dabei sehen die Betroffenen „*...diesen Stimulus nur in dem alten Kontext und sind nicht fähig, einen neuen Bedeutungszusammenhang herzustellen"* (ebd., S. 37).

- *Intrusion* bezeichnet ungewollt sich aufdrängende Erinnerungen und Gedanken an das traumatische Ereignis, obwohl das Ereignis selbst bereits vorüber ist. Die einzelnen Sinneseindrücke sind nicht als zusammenhängende Erinnerungen gespeichert, sondern liegen als unzusammenhängende Fragmente von unterschiedlichen Stimmen, Gerüchen, Geräuschen und Geschmacksempfindungen vor. Selbst scheinbar bedeutungslose Reize werden zu Auslösern („Triggern") von emotional stark negativen Affekten wie Angst und Ohnmachtsgefühlen (Schubbe, 2006). Weitere Formen von Intrusionen sind Träume, Flashbacks, sogenannte „Nachhallerinnerungen" und psychische sowie körperliche Reaktionen, die einen Aspekt des traumatischen Ereignisses symbolisieren (Lamprecht, 2000, S. 21). Um klar zwischen traumatischen und nicht-traumatischen Erinnerungen zu unterscheiden, beschreiben van der Kolk & Fisler (1995) den Unterschied: traumatische Ereignisse hinterlassen demnach voneinander dissoziierte *„mental imprints of sensory and affective elements of the traumatic experience"*. Nicht-traumatische, wenngleich negative Erlebnisse werden dagegen in die Lebensgeschichte integriert und können intendierbar erinnert werden ohne stark negative Affekte hervorzurufen (ebd., S.1).

- Bei der *Vermeidung* versuchen Betroffene in besonderer Weise, Erinnerungen an das Erlebnis zu verdrängen und nicht an die schlimmsten Momente des Traumas zu denken, geschweige denn darüber zu sprechen (Lamprecht, 2000).

Die diagnostischen Systeme des ICD-10 und des DSM-IV unterscheiden sich hinsichtlich der Gewichtung der Symptome. Nach ICD-10 wird das Auftreten von Intrusionen mehr fokussiert, während das DSM-IV die Vermeidungssymptome stärker gewichtet. Insgesamt betrachtet sind die DSM-IV Kriterien strenger, da aus dem Bereich des Wiedererlebens ein Symptom, aus dem Bereich Vermeidung drei Symptome und aus dem Bereich der Übererregung zwei Symptome vorliegen müssen. Die ICD-10 Kriterien verlangen hingegen nur ein Wiedererlebenssymptom, ein Vermeidungssymptom und zwei Übererregungssymptome oder Amnesie für die Diagnosestellung einer posttraumatischen Belastungsstörung (Remschmidt & Schmidt, 1996). Das posttraumatische Stresssyndrom (PTSD) wird mit den folgenden Kriterien operationalisiert:

Tab.1: Gegenüberstellung der PTSD- Kriterien in DSM-IV und ICD-10

DSM-IV (309.81) (APA)	ICD-10 (F. 43.1) (WHO)
A. Die Person wurde mit einem traumatischen Ereignis konfrontiert, bei dem die beiden folgenden Kriterien erfüllt waren: (1) die Person erlebte, beobachtete oder war mit einem oder mehreren Ereignissen konfrontiert, die tatsächlichen oder drohenden Tod oder ernsthafte Verletzung oder eine Gefahr der körperlichen Unversehrtheit der eigenen Person oder anderer Personen beinhalteten. (2) Die Reaktion der Person umfasste intensive Furcht, Hilflosigkeit oder Entsetzen. **Bei Kindern kann sich dies auch durch starke Stimmungsschwankungen, die mit keinem direkten Auslöser in Verbindung zu bringen sind, zeigen.**	Die Betroffenen sind einem kurz- oder langfristigen Ereignis oder Geschehen von außergewöhnlicher Bedrohung oder mit katastrophalem Ausmaß ausgesetzt, das nahezu bei jedem tiefgreifende Verzweiflung auslösen würde.
B. Das traumatische Ereignis wird beharrlich auf mindestens eine der folgenden Weisen wiedererlebt: (1) Wiederkehrende und eindringliche belastende Erinnerungen an das Ereignis, die Bilder, Gedanken oder Wahrnehmungen umfassen können. **Bei Kindern können Spiele auftreten, in denen wiederholt Themen oder Aspekte des Traumas ausgedrückt werden.** (2) Wiederkehrende, belastende Träume von dem Ereignis. (3) Handeln oder Fühlen, als ob das traumatische Ereignis wiederkehrt. **Bei Kindern kann eine mangelnde emotionale Ansprechbarkeit und Reagibilität auftreten.** (4) Intensive psychische Belastung bei der Konfrontation mit internalen Hinweisreizen, die einen Aspekt des traumatischen Erlebnisses erinnern. (5) Körperliche Reaktionen bei der Konfrontation mit internalen oder externalen Hinweisreizen, die einen Aspekt des traumatischen Ereignisses symbolisieren oder an Aspekte desselben erinnern. **Kinder klagen über unspezifische Somatisierungstendenzen**	Anhaltende Erinnerung oder Wiedererleben (1) durch aufdringliche Nachhallerinnerungen, (2) Träume, (3) innere Bedrängnis in Situationen, die der Belastung ähneln.
C. Anhaltende Vermeidung von Reizen, die mit dem Trauma verbunden sind, oder eine Abflachung der allgemeinen Reagibilität (vor dem Trauma nicht vorhanden). Mindestens drei der folgenden Symptome liegen vor: (1) Bewusstes Vermeiden von Gedanken, Gefühlen oder Gesprächen, die mit dem Trauma in Verbindung stehen. (2) Bewusstes Vermeiden von Aktivitäten, Orten oder Menschen, die mit dem Trauma in Verbindung stehen. (3) Unfähigkeit, einen wichtigen Aspekt des Traumas zu erinnern. (4) Deutlich vermindertes Interesse oder verminderte Teilnahme an wichtigen Aktivitäten. (5) Gefühl der Losgelöstheit oder Entfremdung von anderen. (6) Eingeschränkte Bandbreite des Affekts. (7) Gefühl, einer eingeschränkten Zukunft. **Bei Kindern dominieren Rückzugstendenzen. Sie zeigen weniger Gefühle und vermeiden das Reden über das Trauma.**	Umstände, die der Belastung ähneln oder mit ihr im Zusammenhang stehen, werden tatsächlich oder möglichst vermieden. Dieses Verhalten bestand nicht vor dem belastenden Erlebnis.

DSM-IV (309.81) (APA)	ICD-10 (F. 43.1) (WHO)
D. Anhaltende Symptome erhöhten Arousals (vor dem Trauma nicht vorhanden). (1) Schwierigkeiten, ein- oder durchzuschlafen (2) Reizbarkeit oder Wutausbrüche (3) Konzentrationsschwierigkeiten (4) Übermäßige Wachsamkeit (Hypervigilanz) (5) Übertriebene Schreckreaktion **Bei Kindern dominieren unspezifische Wutausbrüche, die ohne erkennbaren Anlass auftreten.**	Entweder (1.) oder (2.) (1) Teilweise oder vollständige Unfähigkeit, einige wichtige Aspekte der Belastung zu erinnern. (2) Anhaltende Symptome einer erhöhten psychischen Sensitivität und Erregung (nicht vorhanden vor der Belastung) mit zwei der folgenden Merkmale: a. Ein- und Durchschlafstörungen b. Reizbarkeit oder Wutausbrüche c. Konzentrationsschwierigkeiten d. Hypervigilanz e. erhöhte Schreckhaftigkeit
E. Das Störungsbild (Symptome und Kriterium B, C und D) dauert länger als 1 Monat.	Die Kriterien B, C und D treten innerhalb von 6 Monaten nach dem Belastungsereignis oder nach Ende einer Belastungsperiode auf (in einigen speziellen Fällen kann ein späterer Beginn berücksichtigt werden, dies sollte aber gesondert angegeben werden)
F. Das Störungsbild verursacht in klinisch bedeutsamer Weise Leiden oder Beeinträchtigungen in sozialen, beruflichen oder anderen wichtigen Funktionsbereichen.	

Simons & Dahlmann, 2008; S. 152-154, modifiziert von R. H.

4.2. Anwendbarkeit der Kriterien von DSM- IV und ICD-10 auf den Kinderbereich

Simons und Herpertz- Dahlmann (2008) fokussieren in ihrer empirischen Übersichtsarbeit die PTSD-Kritierien nach DSM-IV und überprüfen die Anwendbarkeit auf den Kinderbereich.

Bezüglich des A-Kriteriums des (Traumaeingangskritierium und das subjektive Erleben) des DSM-IV weisen sie daraufhin, dass auch entwicklungsunangemessene sexuelle Handlungen, selbst wenn diese nicht mit Furcht oder Entsetzen erlebt werden, mit einbezogen werden müssten (ebd., S. 155).

Nach Ansicht der Autoren seien die Kriterien zur Diagnosestellung einer PTSD im DSM-IV für Kinder nicht angemessen. Nach DSM-IV muss neben dem A-Kriterium, mindestens ein Cluster B-Kriterium, drei C-Kriterien (Vermeidung) und zwei D-Kriterien (Hyperarousal) für die PTSD- Diagnose erfüllt sein. Die Autoren beziehen sich auf eine Untersuchung von Scheeringa et al. (2006), die herausfanden, dass Kinder unter 7 Jahren trotz Vorliegen posttraumatischer Symptome die drei C- Kriterien nicht erfüllten: „ *Children did not attain the DSM-IV threshold of three criterion C items until age 7* " (Scheeringa et al., 2006, S. 644).

Auch würden ältere Kinder öfter die B- Kriterien (79.2%) angeben als ihre Eltern (45.8%) (ebd., S. 644). Wurden die Eltern und Kinderaussagen der B-, C-, und D-Kriterien zusammengefasst, ergab sich eine Rate von 37.5 %. Die Aussagen nur der Eltern hinsichtlich der B-, C-, und D-Kriterien lag dagegen nur bei 4.2 %. Die Anforderung von drei C-Kriterien für eine

Diagnosestellung erwies sich daher als zu hoch. Dementsprechend gingen Scheeringa et al. (2006) davon aus, dass die PTSD Rate bei jüngeren Kindern unterschätzt wird: „.....*that the diagnostic rates for children who cannot make self-reports may greatly underestimate the true numbers"* (ebd., S. 644).

In diesem Kontext verweisen viele Forscher darauf, dass sich die Ausgestaltung und Ausdrucksformen in psychosozialen Kontexten einer PTSD-Symptomatik nach DSM-IV bei Kindern von denen Erwachsener unterscheidet (Rosner, 2010). So unterscheidet sich das A2-Kriterium im DSM-IV von den gelisteten Symptomen und zeigt sich bei traumatisierten Kindern in aufgelöstem oder agitiertem Verhalten wie Schreien, Wimmern, Erstarrung, Zittern, ungezieltem Bewegungsdrang oder einem ängstlichem Gesichtsausdruck (Saß et al., 2003). Das Item *Wiedererleben* drückt sich bei kleineren Kindern im Spiel aus, Themen oder Aspekte des Traumas werden dabei wiederholt (Weinberg, 2006). Auch zeigten Kinder stark beängstigende Träume mit Traumabezug, die jedoch nicht eindeutig differenziert werden könnten, weinten nachts im Schlaf oder zeigten Angst vor Dunkelheit (Scheeringa et al., 2003; Steil & Rosner, 2009). Werden Kinder mit Hinweisreizen konfrontiert, fühlten sie sich psychisch hoch belastet und reagierten mit anklammernden Verhaltensweisen (Steil & Rosner, 2009). Auch zeigte sich *Vermeidungstendenzen* durch Rückzugsverhalten und Emotionslosigkeit sowie Gleichgültigkeit gegenüber der Umwelt und früheren Interessen. (Steil & Rosner, 2009; Scheeringa et al., 2003). Des Weiteren wurde bei traumatisierten Kindern eine negative Sicht bezüglich der Zukunft deutlich, indem sie beispielsweise nicht an einen erfolgreichen Abschluss der Schule glauben konnten. Auch sorgten sie sich stark um Familienmitglieder und zeigten neu auftretende Trennungsängste (Scheeringa et al., 2003; Steil & Rosner, 2009).

Das Item *Hyperarousal* äußerte sich bei Kindern durch Einschlaf- und Durchschlafstörungen, Konzentrations- und Gedächtnisstörungen, Leistungsabfall in der Schule, Reizbarkeit und Wut, Prügeleien, übertriebene Wachsamkeit sowie Schreckhaftigkeit (Scheeringa et al., 2003; Rosner & Steil, 2009). Kinder reagierten ohne erkennbaren äußeren Anlass mit starker Angst, begannen plötzlich zu weinen oder zu schreien. Auch traten aggressive Verhaltensweisen ohne nachvollziehbaren Grund auf (Scheeringa, 2003). Des Weiteren litten traumatisierte Kinder unter somatischen Störungen wie Kopf- und Bauchschmerzen (Rosner & Steil, 2009). Außerdem waren sie von einem Verlust von bereits erworbenen Fertigkeiten betroffen (Scheeringa, et al., 2003).

Aufgrund der erhobenen Befundlage wurde um die Forschergruppe von van der Kolk (2009) neue Diagnosekategorien für komplex traumatisierte Kinder vorgeschlagen, die im „Complex Trauma Taskforce" des amerikanischen National „Child Traumatic Stress Network", einem Verbund amerikanischer Traumexperten entwickelt wurden. Einige Argumente Für und Gegen die Einführung einer neuen Diagnose „Traumaentwicklungsstörung" werden im Folgenden dargestellt.

4.3. Pro und Contra der Einführung einer neuen Diagnose: „Traumaentwicklungsstörung"

Aufgrund der fehlenden Übertragbarkeit der PTSD- Symptomatik der Erwachsenen auf den Kinderbereich werden traumatisierte Kinder häufig nicht diagnostiziert (Streeck-Fischer, 2007, S. 57). Ein weiterer Grund für die fehlende Diagnosestellung einer kindlichen PTSD ist die Darstellung der posttraumatischen Symptome der diagnostischen Kriterien im ICD-10 oder DSM-IV auf der rein deskriptiven Ebene, die die Auslösefaktoren für eine PTSD, wie beispielsweise Verlust von wichtigen Bezugspersonen, Gewalterfahrungen oder Vernachlässigung, nicht berücksichtigen. Die ICD-10 Kriterien für eine PTSD, die meist in Deutschland angewandt werden, sind nicht auf die Dauer der Symptomatik und die klinische Beeinträchtigung bezogen und eignen sich daher nur für klar umgrenzte Traumata (Typ I) (Rosner, 2010, S. 65).

Besonders sequentiell traumatisierte Kinder mit einer Breitbandsymptomatik erhalten viele komorbide Diagnosen (ADHS, Störungen des Sozialverhaltens), die jedoch nicht auf das Trauma zurückgeführt und daher auch nicht angemessen behandelt werden (Rosner, 2010, S. 65). Des Weiteren werden Gründe für die fehlende Diagnosestellung mit dem Entwicklungsstand der Kinder, die bei der Exploration noch nicht in der Lage sind, differenziert ihre Symptomatik darzustellen, in Verbindung gebracht (Scheeringa, 2006). Selbst Fachleuten gelingt es nicht immer, die vorhandenen depressiven Symptome, die Störung des Sozialverhaltens, Somatisierungsstörungen oder eine ADHS- Symptomatik mit traumatischen Erfahrungen in Zusammenhang zu bringen (Streeck-Fischer, 2007, S. 53).

Ebenfalls kann die Anzahl der Symptome, die im DSM-IV (Wiedererleben 1 Symptom, Vermeidung 3 und Hyperarousal 2 Symptome) vorliegen müssen, kritisiert werden. So konnten Scheeringa et al. (2006) zeigen, dass von 61 traumatisierten Kinder kein einziges Kind unter 7 Jahren die Diagnose nach den DSM-IV Kriterien erhielt (ebd., S. 649).

Schmid et al. (2010) weisen daraufhin, dass grundlegende Defizite in der Emotionsregulierung und Selbstwirksamkeitserwartung, die auf sequentielle Traumatisierungen zurück zu führen sind, sich in unterschiedlichen Entwicklungsstufen in verschiedenen Ausprägungen zeigen und alterstypische Symptome aufweisen. Bereits in der Säuglingszeit leiden die PatientInnen unter Regulationsstörungen und erhalten im Laufe ihrer Entwicklung aufgrund der affektiven Dysregulation und Schwierigkeiten in der Verhaltens- und Aufmerksamkeitssteuerung sowie der Selbstwertregulation und Beziehungsgestaltung verschiedene Diagnosen (ebd., S. 48) (siehe **Abb.3**).

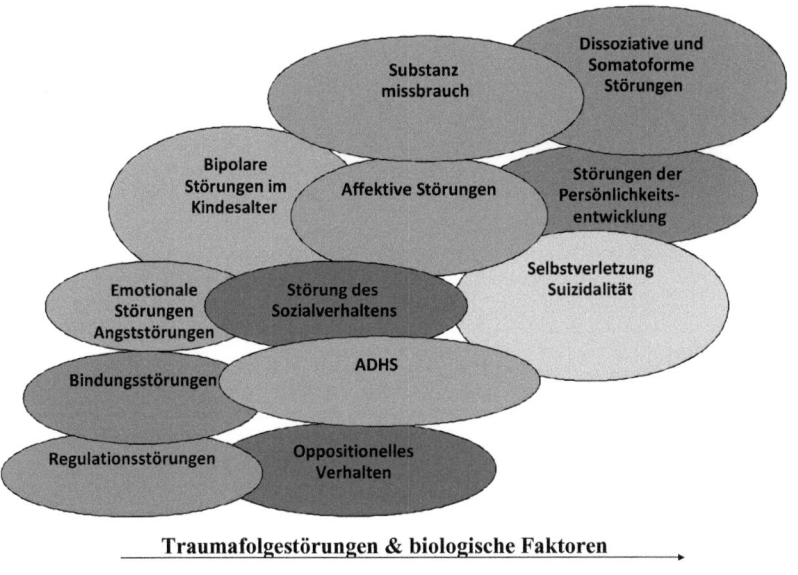

Traumafolgestörungen & biologische Faktoren

Geburt   Vorschulalter   Schulalter   Pubertät   Adoleszenz

Abb.3: Trauma-Entwicklungsheterotopie (Schmid et al., 2010)

Die zugrundeliegende Genese dieser Störungen, die auf frühe oft im non verbalen Alter stattgefundene Traumatisierungen zurückzuführen sind, werden dabei häufig übersehen.

Die Hauptargumente gegen die Einführung der neuen Diagnose wird mit der Vermischung der Symptome mit verschiedenen Störungen und der Gefahr der Verschlechterung und Beliebigkeit einer Behandlung begründet. Die Fokussierung auf sequentielle Traumatisierungen übersehe komplexe Störungsbilder ohne vorherige Traumatisierung und die Einbeziehung biologisch-genetischer Faktoren in der Verursachung psychischer Störungen (Schmid et al., 2010). Außerdem liegen zur Zeit noch wenige empirische Befunde zur Validität der neuen Diagnose vor.

Zu der Entwicklung einer neuen diagnostischen Systematik zur Erfassung schwerer Traumatisierungen bei Kindern bildete sich, wie bereits beschrieben, eine Arbeitgruppe um van der Kolk (2009), der die bisher entwickelten Kriterien für das neue Diagnoseschema mit dem Arbeitstitel *„Development Trauma Disorder"* zusammenfasste. Es handelt sich dabei um einen Versuch, die Komplexität und Breite der posttraumatischen Symptomatik bei schweren sequentiellen Traumata vom Typ II-Traumata zu ordnen und zu erfassen. Van der Kolk (2009) argumentiert, dass Opfer von schweren und sequentiellen Kindheitstraumata häufig eine Breitbandsymptomatik mit vielen komorbiden psychischen Störungen entwickeln, die in den

31

gängigen Klassifikationsschemata nicht mit berücksichtigt werden. Außerdem werden Genese, Ätiologie und Dynamik der Traumafolgestörungen weder im ICD-10 noch im DSM- IV erfasst.

Tab.2: Van der Kolk (2009) & Schmid et al. (2010) vorgeschlagenen Diagnosekriterien für komplexe Traumafolgestörung im Kindesalter

Kriterium A	A1: Chronische interpersonelle Traumatisierung mit Beeinträchtigung der Entwicklung A2: Reaktionen und Gefühle von intensiver Furcht, Wut, Angst, Scham und Hoffnungslosigkeit sowie Gefühle eines Vertrauensverlustes
Kriterum B	*Durch Traumahinweisreize ausgelöste Muster wiederholter und fixierter Dysregulationen* *B1: Art der Dysregulation* - Affektiv - Somatisch (motorisch, physiologisch, körperliche Gesundheit) - Verhaltensbezogen (z.B. Reinszenierungen, Selbstverletzungen) - Kognitiv (z.B. Verwirrung, Dissoziation, Depersonalisation) - In Beziehungen (z.B. auffällige Bindungscharakteristika wie Anklammern und Misstrauen) - Mangelnde Selbstfürsorge *B2: Regulationsmuster* - Antizipatorisch (Vermeidung, Aggression) - Copingverhalten (z.B. Selbstverletzung, Dissoziation) - Desorganisiert *B3: Entwicklungseinflüsse auf andere Störungen* - Substanzmissbrauch - Bipolare Störungen - Depression - Somatoforme Störungen
Kriterium C	*Generalisierte negative Erwartungshaltung* - Negative Selbstattribuierung - Verlust protektiver Bezugspersonen - Verlust von Vertrauen in Hilfs- und Schutzangebote - Erwartung zukünftiger Viktimisierung
Kritierium D	*Funktionale Beeinträchtigung in wichtigen Lebensbereichen* - Schule - Familie - Peer- Group - Konflikte mit dem Gesetz

Zusammenfassend können die wichtigsten Argumente für eine Diagnose Traumafolgestörung wie folgt dargestellt werden:

- Durch die neue Diagnose werden Symptombereiche kumulativ auftretender Traumatisierung abgebildet, die in den gängigen Diagnosesystemen des DSM-IV und ICD-10 nicht erfasst werden (Goldbeck, 2010, S. 75).

- Die mangelnde Sensibilität der Erfassung der Breitbandsymptomatik von Kindern nach schwerer Traumatisierung in den gängigen Klassifikationsschemata hat dazu geführt, dass viele Autoren, neue Kriterien vorgeschlagen haben (Schmid et al., 2010; Goldbeck, 2010; van der Kolk 2009). Die Befürworter der Diagnose einer Traumafolgestörung weisen daraufhin, dass sich erst aus der detaillierten Kenntnis über den Zusammenhang von traumatisch wirkenden Erfahrungen und deren Folgen in Bezug auf eine gestörte affektive und physiologische Dysregulation und mangelnde Selbstwirksamkeitserwartungen effiziente Therapieansätze abgeleitet werden können. Eine rein symptomorientierte Behandlung ohne die Bearbeitung der *„aufrechterhaltenden Bedingungen der einzelnen Symptome"* müsse zwangsläufig *„scheitern"* (Schmid et al., 2010, S. 54).

Zum Schluss werden kurz die wichtigsten Argumente der Kritiker der Einführung einer neuen Diagnose Traumaentwicklungsstörung zusammenfassend dargestellt (Schmid et al., 2010).

- Die Einführung der neuen Diagnose verlässt die rein deskriptive Ebene, die das DSM-IV und das ICD-10 verlangt. Das DSM- IV und das ICD- 10 stellen aber bewährte Klassifikationsschemata dar, die sich auf die rein beschreibende Darstellung von Symptomen beschränken und damit eine valide Diagnostik, die die Grundlage einer psychotherapeutischen Behandlung darstellt, ermöglichen.

- Auch unterstelle die neue Diagnose einen direkten monokausalen Zusammenhang zwischen dem Trauma und dem Störungsbild, der nicht zwangsläufig nachzuweisen sei.

- Des Weiteren vernachlässige die neue Diagnose biologisch-genetische Faktoren. Beispielsweise könne bei Borderlinepatienten nicht immer ein Trauma nachgewiesen werden. Die einseitige Fokussierung auf eine entwicklungspathologische Sichtweise vernachlässige somit die Einbeziehung eines biopsychosozialen Krankheitsmodells und die komplexen Wechselwirkungen von biologischen und psychosozialen Risikofaktoren.

- Außerdem wird kritisiert, dass nicht zwischen Symptomen und Syndromen unterschieden werde und eine große Überlappung mit bereits bestehenden Diagnosen existiere. Beispielsweise wird die Borderlinestörung oder die Bindungsstörung mit Enthemmung fast vollständig von der Traumaentwicklungsstörung abgedeckt. Die Auflösung der Beschreibung einzelner Störungen zu Gunsten einer komplexen Störung im Sinne der Erklärung unterschiedlicher Komorbiditäten durch eine vorangegangene Traumatisierung, verleite dazu, andere behandlungsbedürftige Störung nicht genau zu erfassen und psychotherapeutisch zu behandeln.

5. Studie über die Wirksamkeit von EMDR und KIDNET

In diesem Kapitel soll zunächst die Wirksamkeit von EMDR (Eye Movement Desensitization and Reprocessing) bei Kindern und Jugendlichen anhand verschiedener Studien erörtert werden. Danach folgt die Darstellung von KIDNET (Narrative Expostionstherapie), dem einzigen bekannten evaluierten Ansatz, der ebenfalls mit Hilfe von Narrativen eine Traumakonfrontation von traumatisierten Kindern und Jugendlichen durchführt.

5.1. Wirksamkeit von EMDR bei Kindern und Jugendlichen

Narrative als eine Methode der Traumakonfrontation stellen eine kreative Variante des EMDR-(Eye Movement Desensitization and Reprocessing) Verfahrens dar, das 1989 als neue Behandlungsmethode bei PTSD von Francine Shapiro eingeführt wurde. Im Folgenden sollen kurz die Wirkungsweise von EMDR skizziert und Studien über den Wirksamkeitsnachweis von EMDR bei Kindern und Jugendlichen vorgestellt werden.

Die Begründerin, Francine Shapiro, stellte in den 80er Jahren in einem Selbstversuch fest, dass belastende Bilder und Gedanken plötzlich verschwanden, als sie unwillkürlich Augenbewegungen durchführte. Diese Selbstbeobachtung wurde von ihr systematisch weiter untersucht bis zur Konzeptualisierung erster Ansätze und einer detailliert beschriebenen und manualisierten psychotherapeutischen Behandlungstechnik. Shapiro entwickelte in den Jahren von 1989 bis 1995 EMDR zu einer psychotherapeutisch hoch strukturierten Methode in acht Schritten basierend auf bifokaler Traumaverarbeitung mit Hilfe von Augenbewegung. Das Therapiemanual wurde dann in ihrem 1995 erschienenen Buch *„Eye movement desensitization and reprocessing, basic principles, protocols and procedures"* veröffentlicht. Die bilaterale Stimulation soll zu einer Dekonditionierung der mit der traumatischen Erinnerung verbundenen Angstreaktion durch Entspannungsinduktion führen und damit zu einer Verbesserung der Informationsverarbeitung (Adaptive Information Processing Model) (Shapiro, 1995). Dies bewirkt, dass die mit der traumatischen Erfahrungen verbunden Affekte, Kognitionen und Verhaltensweisen, die unverarbeitet („frozen in time") vorliegen, integriert werden, was einer Auflösung des Traumas entspricht (Shapiro, 1995).

Insgesamt liegen zur Überprüfung der Wirkungsweise von EMDR bei Kindern im Alter von 4-18 Jahren fünf kontrolliert-randomisierte und eine kontrollierte Studie vor. Vorgestellt werden im Folgenden vier der fünf kontrolliert- randomisierten Studien und die eine kontrollierte Studie. Die Effektivitätsstudien wurden von Hensel (2006) inhaltlich und hinsichtlich ihrer methodologischen Gütekriterien beschrieben und die Effektstärken berechnet.

1. *Chemtob et al. (2002)* führten eine kontrolliert-randomisierte (Wartelisten) Studie mit Kindern durch, die unter der Diagnose PTSD nach dem Erleben einer Naturkatastrophe litten.

32 Kinder (MW= 8.4, 22 Mädchen, 10 Jungen) im Alter von 6 bis 12 Jahren wurden in die Studie einbezogen. Sie litten 3.6 Jahre nach dem Hurrikan Inki auf Hawai (1994) noch immer an chronischer PTSD und reagierten nicht auf ein schulbasiertes Therapieprogramm. 17 Kinder erhielten drei Sitzungen EMDR nach einem altersmodifizierten Standardprotokoll. Nach einem Monat Wartezeit wurden die nächsten 15 Kinder behandelt (zwei drop-outs). Die Diagnosestellung erfolgte durch das A-Kriterium aus dem DSM-IV Manual und dem CRI (Child Reaction Index). Des Weiteren wurde das RCMAS (Revised Children's Manifest Anxiety Scale) und das CDI (Children's Depression Inventory) eingesetzt. Die Katamnese erfolgte nach 6 Monaten. Im CRI betrugen die Effektstärken (Cohen's d) im Prä/PostVergleich 1.55 und in der Katamnese nach 6 Monaten 2.04. Im RCMAS lagen die Effektstärken im Prä/Post-Vergleich bei 0.78 und in der Katamnese bei 1.07. Im CRI waren im Prä/Postvergleich die Effektstärken bei 0.54 und in der Katamnese bei 0.69. 18 von 32 Kindern wurden nicht mehr als PTSD- Symptomträger diagnostiziert, was einer Reduktion von 56% entsprach.

Insgesamt wurde deutlich, dass sich die Traumasymptomatik signifikant rückläufig entwickelte (p<.0009 prä/post) bei hohen Effektstärken der Behandlung (Cohen's d). Auch die nicht direkt behandelten Angst- und Depressionssymptome verbesserten sich signifikant (p<.0009 für Angst; p<.002 für Depression). Bei der Katamneseuntersuchung nach 6 Monaten wurde eine erneute Verbesserung in allen Dimensionen deutlich.

2. Eine 2004 abgeschlossene Studie von *de Roos et al. (2004)* verglich die Wirksamkeit von EMDR mit der Effektivität einer kognitiv-behavorialen Therapie (KBT) bei 52 Kindern und Jugendlichen im Alter von 4-18 Jahren nach dem Erlebnis der Explosion einer Feuerwerksfabrik in Enschede in den Niederlanden 2000. 26 ProbandInnen erhielten im Mittelwert 3.2 EMDR Sitzungen (8 drop-out) und wurden mit 4 Sitzungen KBT behandelt (6 drop-out). Folgende Messinstrumente wurden eingesetzt: das UCLA PTSD Reaction Index, der CROPS (Child Report of Posttraumatic Symptoms), der PROPS (Parent-Report of Posttraumatic Symptoms), das MASC (Multidimenstional Anxiety Scale for Children), das Birleson Depression Inventory, die Child Behavior Checklist sowie die Problem Reating Scale. In der EMDR- Gruppe lagen folgende Effektstärken (Cohen's d) vor: die Effektstärke der rückläufigen Traumasymptomatik im Prä/Postvergleich betrug 1.33, in der Prä/ Katamnese-untersuchung bei 1.24. Beim MASC lag die Effektstärke im Prä/Post Vergleich bei 2.4 und in der Prä/Katamnesuntersuchung bei 1.4. Beim Birleson lagen die Effektstärken im Prä/Post Vergleich bei 1.00 und Prä/Katamneseuntersuchung bei 1.25. In der KBT-Gruppe lagen folgende Wert vor: die Effektstärken in Bezug auf die rückläufige Traumasymptomatik betrug im Prä/Postvergleich 1.61 und in der Prä/Katanamneseuntersuchung 1.35. Beim MASC waren die Effektstärken im Prä/Post Vergleich bei .70 und in der Katamneseuntersuchung bei .96.

Beim Birleson lagen die Effektstärken im Prä/Post Vergleich bei .88 und in der Prä/Katamneseuntersuchung bei .49.

Insgesamt wurde deutlich, dass beide Verfahren zu einer Reduktion der Traumasymptome, die noch 3 Monate später nachgewiesen werden konnten, führten. Die Behandlung mit EMDR (3.2 Sitzungen) erwies sich aufgrund der kürzeren Behandlungszeiten im Vergleich zu KBT (4 Sitzungen) als effizienter (p<.001).

3. In einer Studie von *Scheck et al. (1998)* wurden 60 Frauen im Alter von 16-25 Jahren entweder mit EMDR oder mit Aktivem Zuhören nach Gordon (1970) behandelt, die in ihrer Kindheit zu 90% sexuellen Missbrauch und Misshandlungen erlebt hatten und unter chronischen PTSD-Symptomen litten. 30 ProbandInnen wurden 2 Sitzungen von je 30 Minuten EMDR unterzogen, ebenfalls 30 ProbandInnen hatten je 2 Sitzungen von 90 Minuten Aktives Zuhören. Als diagnostische Instrumente wurde für die Diagnosestellung PTSD-I und PENN (Penn Inventory für Posttrauamtic Stress Disorder) benutzt. Zur Beurteilung der depressiven und ängstlichen Symptomatik wurde das BECK (Beck Depression Inventory) und das STATE (State-Trait Anxiety Inventory) eingesetzt. Des Weiteren wurde das TSCS (Tennessee Self-Concept Scale) benutzt. Im Prä/Post Vergleich betrugen die Effektstärken (Cohen´s d) bei EMDR 1.56 (PENN: 1.45; BECK: 1.44; STATE: 1.65; IES: 2.09; TSCS: 1.15), beim Aktiven Zuhören 0.65 (PENN: 0.77; BECK: 0.67; STATE: 0.63; IES: 0.52; TSCS: 0.66).

Deutlich wurde eine signifikante Verbesserungen in allen gemessenen Dimensionen, wobei EMDR in 4 Bereichen signifikant bessere Ergebnisse lieferte als Aktives Zuhören. An der Katamneseuntersuchung nahmen insgesamt 32 ProbandInnen teil, wobei 16 bereits eine Psychotherapie angefangen hatten.

4. *Sobermann et al. (2002)* entwickelten eine kontrolliert, randomisierte Studie, in die 29 Jungen im Alter von 10-16 Jahren, die an einer externalisierenden Störung des Sozialverhaltens (59%) und einer PTSD (31%) litten, einbezogen wurden (8 drop-outs). Die Jungen wurden alle in einer (teil-)stationären Einrichtung behandelt. Alle 21 Jungen wurden mit einer Standardbehandlung bestehend aus Milieutherapie, Einzel- und Gruppenpsychotherapie und edukativer Programme behandelt. Von den 21 Jungen erhielten 10 Jungen zusätzlich je 3 Sitzungen EMDR. Als Messparameter wurden das SUDS (Sujektive Units of Distress Scale), das IES-8 (Impact of Events Scale), der CROPS (Child Report of Posttraumatic Symptoms), der PROPS (Parent Report of Posttraumatic Symptoms), die PRS (Problem Rating Scale) und der BRS (Behavioral Reward Scale) benutzt. Die Effektstärken (Cohen´s d) bezüglich der Traumasymptomatik betrugen für die EMDR- Gruppe im Prä/Post Vergleich 0.92. In der Katamnese nach 2 Monaten lag die Effektstärke bei 0.86. Bezüglich des Rückgangs externalisierender Verhaltensprobleme betrugen die Effektstärken (Cohen´s d) im

Prä/PostVergleich 0.67. Die Katamnese ergab einen Wert von 1.2. In der Behandlungsgruppe ohne EMDR betrug die Effektstärke 0.36, in der Katamnese 0.61. Bezüglich der Ausprägung sozialer Verhaltensauffälligkeiten betrugen die Effektstärken im Prä/Postvergleich 0.24, in der Katamnese 0.52. Insgesamt wurde bei der Katamneseuntersuchung eine deutliche Verbesserung in der EMDR Behandlungsgruppe, insbesondere in den sozialen Verhaltensdimensionen (d= 0.67 auf 1.2 im PRS, BRS), sichtbar.

In einer weiteren Studie mit einem kontrollierten Wartelistendesign von *Puffer et al. (1998)* wurden 20 ProbandInnen im Alter von 8-17 Jahren (MW=13.5) mit einem singulären traumatischen Erlebnis behandelt (1 drop-out). 10 ProbandInnen erhielten je eine Sitzung EMDR von 90 Minuten. Nach einem Monat wurden weitere 10 mit EMDR behandelt. Als diagnostische Instrumente wurden das IES (Impact of Event-Scale) und das CMAS (Children´s Manifest Anxiety Scale) eingesetzt. Die Katamnese wurde nach 1-3 Monaten vorgenommen. Im Prä/Katamnesezeitraum lagen Effektstärken (Cohen´s d) im IES von 1.43 und im CMAS von 0.7 vor. Insgesamt war die Behandlung in allen Dimensionen signifikant erfolgreich (Angst: p=.005; Trauma: p<.0001). 10 ProbandInnen veränderten sich im IES in den Normalbereich, wobei jedoch 3 Kinder, die andauernden Belastungen ausgesetzt waren, keine Verbesserungen zeigten.

Hensel (2006) wies in seiner Überblicksarbeit daraufhin, dass alle EMDR- Studien als *„hoch effektiv"* hinsichtlich der Reduktion der Traumasymptome und der mit dem Trauma assoziierten Störungen wie Angst und Depression erwiesen, und zwar sowohl bei singulären Ereignissen, als auch bei kumulierten sequentiellen Traumatisierungen (ebd., S. 112). Des Weiteren wurde in den Studien deutlich, dass KBT und EMDR gleiche Effektstärken aufwiesen, EMDR sich aber als effizienter zeigte (ebd., S. 112).

Zusammenfassend wird deutlich, dass die Ergebnisse aus dem Erwachsenbereich repliziert werden konnten und sich EMDR als ein effizientes und effektives Verfahren zur Behandlung von PTBS bei Kindern und Jugendlichen etabliert hat (Lamprecht, et al., 2000). An den untersuchten Populationen der Studien wird jedoch deutlich, dass EMDR aktuell häufiger bei Monotraumatisierungen als bei Mehrfachtraumatisierungen eingesetzt wird (Landolt, 2010, S. 81).

5.2. Konzeption der Narrativen Expositionstherapie für Kinder (KIDNET)

Der bisher einzige evaluierte Ansatz, der Narrative in der Behandlung von Kindern einsetzt, ist die *„Narrative Expositionstherapie bei Kindern"* (KIDNET), die in der Behandlung von Kindern mit PTSD angewendet wird (Neuner et al., 2009). Der Einsatz von KIDNET bezieht sich auf traumatisierte Kinder in Krisen und Nachkriegsgebieten, die in Kurzzeittherapien in einem Umfang von etwa acht Stunden über ca. 2 Monaten behandelt werden.

Die erste Therapiesitzung beinhaltet die Psychoedukation und das Legen der Lebenslinie (sog. „Lifeline"). Sie wird benutzt, um positive und negative Erlebnisse in chronologischer Reihenfolge durch Steine (negative) und Blumen (positive) zu identifizieren (Ruf et al., 2008, S. 95). In den folgenden Sitzungen wird die Narration erarbeitet. Das Kind erzählt in chronologischer Reihenfolge die einzelnen traumatischen Erlebnisse. Der Therapeut dokumentiert in Ich-Form. Es wird darauf geachtet, dass alle bedeutsamen Lebensereignisse in korrekter zeitlicher Abfolge benannt werden. Am Ende liegt eine schriftliche Narration des gesamten Lebens des Kindes vor. Gefühle, Gedanken und körperliche Reaktionen sollen in Worte gefasst und damit in die Geschichte integriert werden. Gestaltet sich aufgrund von starker Vermeidungstendenz und Flashback- Erleben die Exploration schwierig, so soll das Kind die gleiche Körperposition wie bei dem traumatischen Geschehen einnehmen, um die Erinnerungsblockaden aufzulösen und ähnliche Gefühle und Gedanken zu aktivieren. Auch Zeichnungen können eingesetzt werden, wenn das Sprechen über das traumatische Erlebnis blockiert ist. Der Prozess soll die aktive und die chronologische Rekonstruktion des autobiografischen expliziten und episodischen Gedächtnisses rekonstruieren und, durch eine Aktivierung des Angstgedächtnisses, eine Änderung des emotionalen Netzwerkes erzielen (Ruf et al., 2008).

Die erste Pilotstudie zur *Überprüfung der Wirkungsweise* von KIDNET in der Behandlung von traumatisierten Jugendlichen wurde von Onyut et al. (2005) in einem Flüchtlingslager in Uganda durchgeführt. 6 Jugendliche, die die Kriterien einer PTSD erfüllten, wurden in 4-6 Sitzungen mit KIDNET behandelt. 9 Monate später wurden die Jugendlichen erneut untersucht. 4 der 6 behandelten Jugendlichen erfüllten die Kriterien für eine PTSD nicht mehr.

Eine weitere Studie wurde von Schaal & Elbert (2009) in Ruanda mit Überlebenden des Genozids durchgeführt. Dabei wurde die Wirksamkeit von KIDNET mit der interpersonellen Psychotherapie (IPT) in der Behandlung von traumatisierten Jugendlichen und Erwachsenen verglichen. Die interpersonelle Psychotherapie fokussiert auf vier Bereiche: Trauer, Rollenspiele, interpersonelle Konflikte sowie interpersonelle Defizite. 14 ProbandInnen erhielten 4 IPT Gruppentherapiesitzungen, in welchen besonders die Themen Trauer, Einsamkeit und Rollenwechsel (Leben als Waisen im Waisenhaus) im Fokus der Behandlung standen. 12 ProbandInnen befanden sich in der KIDNET- Gruppe, die mit 3 Sitzungen und einer anschließenden Trauersitzung behandelt wurden. Bei der Trauersitzung wurde der Verlust einer wichtigen Bezugsperson bearbeitet. 3 und 6 Monate nach Abschluss der Therapie wurde erneut je ein diagnostisches Interview geführt, um den Erfolg der Therapie zu evaluieren. 3 Monate nach Therapieende hatten in der IPT-Gruppe noch 71% und in der KIDNET- Gruppe noch 58% eine PTSD-Symptomatik. 6 Monate nach dem Ende der Therapie erfüllten immer noch 71% der ProbandInnen in der IPT- Gruppe, aber nur noch 25% in der KIDNET- Gruppe die Kriterien einer PTSD.

Des Weiteren liegt eine randomisierte Studie mit traumatisierten Flüchtlingskindern, die mit ihren Eltern gemeinsam als Asylbewerber nach Deutschland geflohen waren, vor. Sie bezieht sich auf insgesamt 25 Kinder im Alter von 7-16 Jahren (M= 11.4, SD= 2.9) (Ruf et al., 2010). Die Autoren wiesen 25 traumatisierte Kinder der Behandlungsgruppe (N= 12) und 13 der Wartegruppe (N= 13) ("waiting list") zu. Die Kinder der Behandlungsgruppe wurden mit 8 KIDNET-Sitzungen behandelt, während die Kinder der Wartegruppe das erste halbe Jahr keine Therapie erhielten. 6 Monate nach der ersten Untersuchung wurde anhand des UCLA Child PTSD Index, beide Gruppen erneut untersucht und das weitere Vorliegen einer PTBS überprüft. Diejenigen Kinder, die mit KIDNET in 8 Sitzungen behandelt wurden, zeigten eine signifikante Reduktion der PTSD-Symptomatik. 3 der 12 Kinder zeigten jedoch noch das Vollbild der PTBS nach den Kriterien des DSM-IV. Da die Wartegruppe keine signifikanten Veränderungen in ihrer Symptomschwere zeigte, konnte dieser Effekt bei ihr nicht nachgewiesen werden. Die Verbesserungen der KIDNET-Behandlungsgruppe blieben auch nach 12 Monaten im follow- up konstant (Ruf et al., 2010).

Eine vierte Studie handelt von 31 durch Bürgerkrieg und Tsunami traumatisierte Kinder im Nordosten Sri Lankas. Die Kinder wiesen PTSD-Symptome, gesundheitliche Probleme und Beeinträchtigungen im psychosozialen Funktionsniveau auf. Sie erhielten entweder eine Behandlung mit KIDNET oder mit meditativen Entspannungsübungen (Catani, C. et al., 2009). In beiden Gruppen ließ sich einen Monat später eine signifikante Reduktion der Symptomatik im post-hoc feststellen. Sechs Monate nach der Behandlung lag die Heilungsrate bei der KIDNET Gruppe bei 81% und in der Meditationsentspannungsgruppe bei 71% Prozent. Ein signifikanter Unterschied zwischen beiden Gruppen ließ sich nicht nachweisen (Catani, C., et al., 2009).

Insgesamt belegten die Studien, dass durch die Behandlung mit KIDNET die PTSD-Symptomatik positiv beeinflusst bzw. reduziert werden konnte. Dabei beziehen sich die meisten Studien auf Krisengebiete im afrikanischen und asiatischen Kontext. Studien über die Behandlung von PTSD aufgrund von innerfamiliärer Gewalt, sexuellem Missbauch, aber auch

Monotraumen in Deutschland fehlen noch gänzlich. (Landolt, 2010, S. 81). Aufgrund der sehr spezifischen, ähnlichen (Krisengebiete Afrikas/Asiens) und verhältnismäßig wenigen und kleinen Stichproben sind die Kriterien eines wissenschaftlichen Nachweises noch nicht ausreichend erfüllt. Dies gilt m.E. auch für die Wirksamkeit von KIDNET bei Mehrfachtraumatisierungen. Trotz der Elemente der Psychoedukation und des Legens der „Lifeline", bei der auch auf positive Erlebnisse fokussiert wird, ist inhaltlich zu hinterfragen, ob stabilisierende Elemente in diesem Ansatz ausreichend berücksichtigt werden (Ruf et al., 2008, S. 92). Denn eine Traumatherapie soll eine Überflutung mit traumatischem Material sowie Flashback-Erleben und Dissoziationen wirkungsvoll verhindern und zur Verarbeitung belastender Erfahrungen verhelfen. Daher ist es Standard in der Traumatherapie stets eine Phase der Stabilisierung mit ressourcenorientierenden Elementen, die Sicherheit vermitteln, einzubauen, bevor sich eine Traumakonfrontation anschließt. Diese Stabilisierungs- und Distanzierungselemente bewirken eine Toleranz gegenüber negativen Affekten und verhindern posttraumatische Reaktionen. Die Verflechtung stabilisierender Elemente mit einer prozessuale Fokussierung und Aktualisierung positiver selbstwerterhöhender Erlebnisse und die Betonung der Ressourcen des Kindes vor der Traumakonfrontation stellen wichtige Bausteine dar, die wesentlich zur Verarbeitung traumatisch wirkender Erfahrungen beitragen. Erst aus der Verbindung mit der gleichzeitigen Fokussierung positiver Ressourcen des Patienten entsteht dessen Fähigkeit, sich mit den negativen Erlebnissen auseinander zu setzen und alte Erregungsmuster aufzulösen (Grawe & Grawe-Gerber, 1999).

So werden bei der Traumakonfrontation mittels Narrative Distanzierungselemente eingebaut, wie die unpersönliche Anrede („es war einmal ein kleiner Junge, ein kleines Mädchen") oder die Benennung von Tieren als Hauptprotagonisten, um Dissoziationen und Flashback-Erleben zu verhindern. Außerdem bewirkt die Erzählform, dass die Kinder eine Beobachterposition einnehmen können, um ihnen eine vorsichtige, kontrollierte und steuerbare Annäherung an das traumatische Erlebnis zu ermöglichen. Eine tiefergehende Exploration des traumatischen Erlebens, die die beim Trauma entstandenen Koppelungen von Bildern, Gedanken, Gefühlen, Verhaltensweisen und Körperreaktionen aktivieren würden, wird dabei vermieden.

KIDNET jedoch fordert das Kind in direkter Art und Weise dazu auf, detailliert über die traumatischen Erlebnisse unter Benennung der erlebten Affekte, Körperempfindungen und negativen Kognitionen und Bewertungen der eigenen Hilflosigkeit und Ohnmacht zu sprechen (Ruf et al., 2008, S. 96). Nach meiner langjährigen klinischen Erfahrungen werden durch dieses Vorgehen starke aversive Emotionen und Vermeidungsreaktionen ausgelöst, die eine Integration der traumatischen Erlebnisse erschweren. Das direkte und unvermittelte Ansprechen der schwierigen Erfahrungen kann dabei wie ein Trigger wirken und nicht steuerbare stressvolle

Erinnerungsfragmente auslösen. Ruf et al. (2008) gestehen indirekt das Auftreten von Dissoziation und Flashback-Erleben ein, indem sie Schwierigkeiten bei der Exploration der traumatischen Ereignisse erwähnen und von der *„starken Angst während der Exploration"* sprechen (ebd., 102). Dies sind deutliche Hinweise, dass sich die Probleme von Flashback-Erleben und die damit ausgelösten Vermeidungsreaktion der Kinder während der Behandlung aktualisiert haben. Der Hinweis, die gleiche Körperstellung wie bei der Traumatisierung einzunehmen, um die „Blockaden" beim Erzählen aufzulösen, dürfte eher eine weitere Überflutung mit traumatischem Material während der Behandlung induzieren als die Belastung zu reduzieren. Das notwendige Einbeziehen „kreativer Werkzeuge" und Zeichnungen, die das Kind erstellen soll, um das Erzählen zu „erleichtern", stellen dabei therapeutische Versuche dar, die aufgetretenen Vermeidungsreaktionen aufzulösen.

Zusammenfassend weisen die therapeutischen Schwierigkeiten bei KIDNET möglicherweise daraufhin, dass eine vertiefe Integration der belastenden Erfahrungen auf der Ebene der Emotionen, Kognitionen und der sinnlichen Wahrnehmung durch eine mangelnde Aktualisierung von Ressourcen und Einbeziehung von Distanzierungselementen erschwert wurde.

Möglicherweise eignet sich dieser Ansatz nur für Monotraumatisierungen, da bei einmaligen traumatischen Ereignissen die alten Kopplungen nicht so leicht aktiviert und Betroffene auch nicht so intensiv in die alten traumatischen Reaktionsmuster zurückfallen können.

Des Weiteren ist es möglich, dass viele protektive Faktoren (z.B. soziale Unterstützung nach dem Trauma), die in den Studien nicht benannt wurden, zum Therapieerfolg beigetragen haben.

Narrative als ein Mittel der Traumakonfrontation

Judith Schablack & Regina Hiller, LWL- Universitätsklinik Hamm, Kinder- und Jugendpsychiatrie, 2010

B. THERAPEUTISCHES UND METHODISCHES VORGEHEN

6. Methodisches und therapeutisches Vorgehen in der traumafokussierten Behandlung mit Narrativen

Dieses Kapitel beschäftigt sich mit den traumatheoretischen Hintergründen, die der Studie, die von Januar 2010 bis Dezember 2011 durchgeführt wurde, zu Grunde liegen und der Darstellung der Konzeption von Narrativen als ein Mittel der Traumakonfrontation bei Kindern mit posttraumatischer Belastungsstörung. Des Weiteren werden die Messinstrumente, die für den Wirkungsnachweis der Interventionsstudie benutzt wurden, dargestellt.

6.1. Theoretische Hintergründe und Aufbau der Narrative

Kinder, die wiederholter Traumatisierung ausgesetzt waren, sind bei Aufnahme in eine kinder- und jugendpsychiatrische Klinik oder bei einer ambulanten Vorstellung in einer kinderpsychotherapeutischen oder kinderpsychiatrischen Praxis durch eine schwere Symptomatik in psychosozialen Kontexten auffällig geworden, beispielsweise durch eine Störung des Sozialverhaltens mit aggressiven Impulsdurchbrüchen, durch depressive Verstimmungszustände mit Rückzugsverhalten und selbstdestruktiven Tendenzen, eine Störung des Sozialverhaltens mit depressiver Störung oder durch eine kombinierte Störung des Sozialverhaltens und der Emotionen (Streeck-Fischer, 2007, S. 53). Nicht selten wird bei der Aufnahme übersehen, dass die Genese und die aufrechterhaltenden Bedingungen der bestehenden Breitbandsymptomatik mit interpersoneller und langjähriger sexueller und körperlicher Gewalt in Verbindung gebracht werden müssen, so dass das zugrunde liegende Störungsbild einer posttraumatischen Belastungsstörung diagnostisch oft übersehen wird (Rosner, 2010, S. 65). Wenn die betroffenen Kinder jedoch nicht traumafokussiert psychotherapeutisch behandelt werden, droht die Persistenz der posttraumatischen Symptome. Dies kann zu der Ausbildung von Traumafolgestörungen und komorbider Störungsbilder führen, die sich in der weiteren kindlichen Entwicklung in einer affektiven und physiologischen Dysregulation und einer verzerrten Wahrnehmung manifestieren, mit einer generellen Attribuierung von Feindseligkeit und Bedrohung sowie Schwierigkeiten der Selbstregulation und Beziehungsgestaltung (Schmid et al., 2010, S. 49).

In der Regel wurden bei den betroffenen Kindern schon viele ambulante wie stationäre Behandlungsversuche unternommen, die aber nicht zum gewünschten Erfolg führten, selbst wenn es zu einer positiven Veränderung der Rahmenbedingungen (z.B. Aufnahme in eine Pflegefamilie/ Einrichtung der Jugendhilfe) gekommen ist. Ziel einer Traumabehandlung ist die Linderung des psychischen und ggf. körperlichen Leides, von denen Kinder betroffen sind, die jahrelang traumatisch wirkenden Beziehungserfahrungen und Übergriffe ausgesetzt waren. Um eine gute Verträglichkeit der Traumatherapie sicher zu stellen und eine Überflutung mit traumatischem Material zu verhindern, müssen zentrale kindliche Bedürfnisse nach Sicherheit, Trost und Kontrolle befriedigt sowie selbstwerterhöhende und handlungsaktivierende Erfahrungen während der Behandlung erfahrbar werden (Hensel, 2007, S. 30/31). Daher stellen besondere Schwerpunkte der traumaspezifischen Behandlung eine emotionale Nachentwicklung und Ressourcenarbeit dar sowie eine gut verträgliche Traumaexposition mit gleichzeitigem Einweben positiver innerer ressourcenorientierter Bilder sowie die Stimulierung der Selbstheilungskräfte des Kindes, die der Stabilisierung und Ich-Stärkung dienen.

Die vorliegende Dissertation hat das Ziel, den fokussierten Einsatz von Narrativen als ein methodisches Verfahren der Traumakonfrontation in der Behandlung von Kindern im Alter von 7-13 Jahren mit posttraumatischer Belastungsstörung im stationären und ambulanten Setting zu überprüfen. Die therapeutische Vorgehensweise mit Narrativen ist eine kreative Variante des EMDR-Verfahrens (Eye-Movement Desensitization and Reprocessing), das ein *„historisch junges, jedoch therapeutisch hoch wirksames, evidenzbasiertes Verfahren zur Behandlung von posttraumatischen Belastungsstörungen und anderer Traumafolgestörungen"* darstellt und therapie- und theorieschulenübergreifend als ein integrativer Psychotherapieansatz eingesetzt wird" (Hensel, 2007, S. 10). Lovett (2000) hat als erste Narrative im EMDR- Prozess eingesetzt. Die Arbeit mit Narrativen stellt eine Art der Symbolisierung dar, die dem Kind die Möglichkeit gibt, die Einzelreize, die durch das Trauma ohne Verbindung zueinander gespeichert sind und als beziehungslose Fragmente von Emotionen, Kognitionen, Körperreaktionen und Sinneseindrücken vorliegen, zu einer Erinnerungsgeschichte mit einem Anfang und einem Ende zusammenzufügen (Hensel, 2007, S. 156). In diesem Sinne werden die im impliziten Gedächtnis, dem sogenannten „Traumagedächtnis", gespeicherten Erinnerungen in das explizite Gedächtnis überführt und der nachträglichen Verarbeitung zugänglich gemacht, so dass Gefühle und sensorische Eindrücke kontexualisiert an Ort und Situation gebunden und versprachlicht werden können (Hüther et al., 2010). Dies hat zur Folge, dass die traumatisch wirkenden Erfahrungen in das Selbst- und Weltbild integriert werden, so dass Lebendigkeit, Selbstwertgefühl, Kontrolle, Selbstwirksamkeit und Vertrauen in Beziehungen wieder hergestellt werden können. Die Gefahr der psychischen Überflutung mit traumatischem Material, mit Flashback-Erleben und Dissoziationen bei der Traumakonfrontation wird durch Distanzierungselemente (indirekte Anrede der Kinder in dem Narrativ, Tiere als Hauptprotagonisten und dem Element des Vorlesens) wirkungsvoll verhindert. Statt dessen werden Selbstheilungsprozesse durch ressourcenaktivierende Stimulationen, die im Narrativ gezielt gefördert werden, angeregt.

6.1.1. Die erste Phase der Traumabehandlung: die Stabilisierungsphase

Die *Stabilisierungsphase* wurde in der Regel durch Ich-stabilisierende imaginative Techniken wie beispielsweise die Etablierung des „sicheren inneren Ortes" eingeleitet (Reddemann, 2001). In der Imaginationsübung wurde das Kind vom Therapeuten ermutigt, sich einen Ort vorzustellen, der mit einem Gefühl von Sicherheit, Geborgenheit und Freude verbunden war. Danach wurde das innere Bild in allen sensorischen Aspekten unter der Anleitung des Therapeuten entfaltet und aktualisiert. Insbesondere die bewusste Hinzunahme dynamischer Ressourcen, die maßgeschneidert und individuell in die Geschichte eingewoben wurden, waren zur Förderung der inneren Stärke des Kindes ein wichtiger Wirkfaktor. Bislang noch nicht aktualisierte Ressourcen und erkannte Stärken des Kindes konnten in den Narrativen entfaltet und entwickelt werden. Diese prozessuale Aktualisierung positiver selbstwertsteigender Erfahrungen und die damit verbundene Betonung der Stärken des Kindes, sowohl im Alltag des stationären Settings als auch innerhalb der ambulanten Therapie, förderten die Verarbeitung traumatisch wirkender Erfahrungen und unterstützten die Selbstheilungskräfte (Hensel, 2007, S. 31). Grawe & Grawe-Gerber (1999) wiesen in diesem Kontext daraufhin, dass nur in Verbindung mit der gleichzeitigen Fokussierung positiver Ressourcen des Patienten die Kraft entstehe, sich mit den negativen Erlebnissen auseinander zu setzen, so dass alte neuronale traumaassoziierte Erregungsmuster mit korrektiven Erfahrungen „überschrieben" werden können.

6.1.2. Die zweite und dritte Phase der Traumabehandlung: Traumakonfrontation und Integration

Bei der *Traumakonfrontation* wurde nicht nur auf die individuellen Ressourcen und Stärken des Kindes Bezug genommen, sondern es konnten auch positive kognitive Selbstüberzeugungen sowie Verhaltensmodifikationen in die Geschichte eingeführt werden (z.B.: „... jetzt fühlte sich das Kind stark genug, um ganz laut „Nein" zu sagen und Hilfe zu holen"). Darüber hinaus stellte das bereits erwähnte Einweben distanzierender Elemente, wie die indirekte Anrede der Person („es war einmal ein kleines Mädchen / kleiner Junge"), einen psychischen Schutz dar, der die Gefahr einer Überflutung mit traumatischem Material deutlich reduzierte. Von Kindern gut akzeptiert wurden in diesem Zusammenhang Tiere als Hauptprotagonisten. Durch diesen Verfremdungseffekt konnte ein gut verträglicher Verarbeitungsprozess eingeleitet und eine dissoziative Reaktion verhindert werden.

Die Bearbeitung einzelner traumatischer Erfahrungen mittels Narrative bestand aus drei Teilen und erfolgte anhand der Darstellung biographischer Daten, die von den Eltern/Erziehern oder weiteren wichtigen Bezugspersonen ermittelt wurden. Begonnen wurde stets mit dem Erlebnis, das mit der aktuell stärksten psychischen Belastung bewertet wurde (höchster SUD-Wert = [subjective unit of distress]). Dabei wurde im Narrativ sowohl auf traumabezogene Kognitionen bzw. negative Selbstüberzeugungen als auch auf Ressourcen und zukünftig hilfreiches Verhalten eingegangen. In den weiteren Narrativen wurden diejenigen Ereignisse bearbeitet, die immer noch als emotional hoch belastend erlebt wurden (SUD-Werte von mindestens 3 auf einer Skala von 0-5). Vor dem Hintergrund sequentieller und kumulativ wirkender traumatischer Erfahrungen war der Einsatz von mehreren Narrativen erforderlich, um die posttraumatische Symptomatik dauerhaft positiv zu beeinflussen.

Des Weiteren wurden - wo möglich - wichtige Bezugspersonen des Kindes, die nicht mit dem Traumageschehen assoziert sind, in die Arbeit einbezogen, was sich günstig auswirkte, da es einerseits die Akzeptanz der Angehörigen gegenüber der Behandlung erhöhte und andererseits ihr Einfühlungsvermögen in die innere Erlebnis- und Empfindungswelt des Kindes steigerte.

6.1.3. Beschreibung und Ablauf von Narrativen

Bei der Arbeit mit Narrativen müssen die Abläufe und Darstellungen der Geschichte mit dem inneren Erleben des Kindes übereinstimmen. Daher darf eine Geschichte nur solche Angaben enthalten, die aus der biographischen Anamnese bekannt sind. Inhaltliche Ergänzungen in der Geschichte sollten keinen inneren Widerspruch hervorrufen, da sonst die Verarbeitungsqualität und Tiefe negativ beeinflusst wird. Die Sprache ist dem Alter der Kinder angemessen, d.h. Sätze sind kurz und verständlich und die Worte sind dem normalen Alltagswortschatz entnommen. Darüber hinaus muss die Länge der Geschichte der Konzentrationsspanne des Kinder angemessen sein (Hensel, 2007, S. 159).

Um den Durcharbeitungsprozess zu unterstützen, bedarf es einer *Rechts-Links-Stimulierung,* wobei durch die äußere Stimulierung eine Fokussierung auf das innere Erleben und den äußeren Rahmen gelegt wird und so beide Gehirnhälften aktiviert werden (Schubbe, 2006, S. 126). Das Narrativ besteht stets aus drei Teilen, die unterschiedliche Funktionen erfüllen:

Teil A:

Thematisiert wird die ressourcenvolle prätraumatische Zeit. In diesem Teil werden alle Ressourcen, Vorlieben und Stärken (z.B. sportliche Aktivitäten, Bezug zu Tieren, Lieblingsspeise, schöne Erinnerungen an gemeinsame familiäre Aktivitäten, Haustiere u.ä.) und positiven Bindungserfahrungen benannt, um das Kind emotional „aufzufüllen", was als gute Ausgangsbasis für die nachfolgende Traumakonfrontation dient. Dieser Teil der Geschichte wird mit *langsamer Stimulierung* zur Verankerung begleitet.

Teil B:

Beschrieben werden in konkreter und korrekter zeitlicher Abfolge der Ablauf der traumatischen Ereignisse. Von besonderer Wichtigkeit ist die Charakterisierung und detaillierte Beschreibung aller vorherrschenden emotionalen Qualitäten (Wut, Angst, Hilflosigkeit), sensorischer Abläufe (traumaassozierte Geruchs- Geschmacksempfindungen, Lautstärke) und vorherrschenden Körperempfindungen („der Junge spürte, dass sein Herz bis zum Hals klopfte") sowie negativen kognitiven Selbstüberzeugungen („der Junge dachte, er sei schuld"). Gegenwärtige Symptome werden in den Zusammenhang mit den traumatischen Erfahrungen gestellt, um einen inneren Verständnisprozess zu ermöglichen („...und der Junge spürt immer noch seine Angst, wenn eine fremde Person, die Wohnung betritt").

Auf die Darstellung ambivalenter Gefühle und Loyalitätskonflikte wird dagegen verzichtet. Wichtige Bezugs- und Bindungspersonen werden zumindest in ihren guten Absichten geschildert. Trotzdem wird das Handeln der Erwachsenen klar benannt („Obwohl der Vater so etwas Schlimmes eigentlich nicht tun wollte, fing er plötzlich an, den kleinen Jungen ganz feste zu schlagen"). Dem Kind hingegen wird keine Verantwortung zugeschrieben, es bleibt moralisch frei von Schuld. Dieser Teil wird von *schneller Stimulierung* begleitet, um das Prozessieren zu unterstützen (Hensel, 2007, 159/160).

Teil C:

Geschildert wird die Zeit nach der Traumatisierung, die - wie am Anfang - wieder mit positiven Gefühlen wie Sicherheit und Geborgenheit („es ist vorbei") verknüpft ist. Sichere und verlässliche Beziehungen, positive Selbstüberzeugungen sowie positive Veränderungen im Verhalten („das Kind sagt jetzt immer ganz laut „Nein" und holt Hilfe") werden benannt und beschrieben. Auch Ressourcen, die z.B. im stationären oder ambulanten Prozess beobachtet wurden, tauchen in diesem Teil wieder zu Vertiefung auf (Hensel, 2007, 160/161).

6.2. Hypothesentwicklung

Allgemein wird angenommen, dass posttraumatische Symptome insbesondere dann persistieren, wenn die Betroffenen nicht traumafokussiert psychotherapeutisch behandelt werden. In der Wirkung führt dies zu einer Traumafolgestörung, die sich in mangelnder Affektregulation, hoher emotionaler Reaktivität auf traumabedingte Auslöser (Trigger), Schwierigkeiten in der Beziehungs- und Kontaktgestaltung sowie in einem persistierendem negativen Selbstbild ausdrückt. Letzteres geht einher mit mangelndem Selbstwirksamkeitserleben und negativen kognitiven Selbstüberzeugungen, überdauerndem Misstrauen durch verzerrte Wahrnehmung und einer generellen Attribuierung von Feindseligkeit und Bedrohung (van der Kolk, 2009). Umgekehrt wird angenommen, dass sich die Traumakonfrontation mit Hilfe von Narrativen und die prozessorientierte Stimulierung individueller Ressourcen förderlich auf eine Integration assoziierter schmerzhafter Affekte und sensorischer Fragmente sowie abgespaltener Körperempfindungen auswirken. Damit wird eine Verringerung posttraumatischer Symptome sowie eine allmähliche Korrektur maladaptiver kognitiver Überzeugungen, wie z.B. Schuldgefühlen, erreicht.

Zur Beurteilung des Therapieerfolgs wurden zwei qualitativ verschiedene Bewertungskriterien vorgenommen, die Selbsteinschätzung des Patienten und die Fremdeinschätzung durch die soziale Umgebung (Eltern & ErzieherInnen) bzw. Expertenurteile (TherapeutInnen).

Vor diesem Hintergrund wurden folgende *Hypothesen* entwickelt:

Hypothese 1:

Die Behandlung mit Narrativen, die unter Hinzuziehung ressourcenaktivierender Elemente das traumatische Erleben fokussieren, führt im Vergleich zur Kontrollgruppe nicht nur zu einer messbaren und signifikanten Reduktion posttraumatischer Symptome, sondern auch zu einer Abnahme der subjektiv empfundenen posttraumatischen Belastungsreaktion.

Hypothese 2:

Es besteht ein unmittelbarer Zusammenhang zwischen der erfolgreichen Reduktion posttraumatischer Symptome und der Abnahme aggressiver Impulsdurchbrüche und der Notwendigkeit von Kriseninterventionen, der angehobenen Regel- und Grenzakzeptanz, der vertieften sozialen Integration, der erhöhten emotionalen Ansprechbarkeit, der verbesserten Kommunikationsfähigkeit hinsichtlich eigener Gefühle und aktueller Befindlichkeiten, der angehobenen Konzentrations- und Aufmerksamkeitsspanne, der Zunahme sozialer Aktivitäten und der verbesserten Leistungsfähigkeit. Derartige Effekte werden für die Kontrollgruppe, die ohne Zusatzbehandlung mit Narrativen behandelt wurde, nicht erwartet.

Hypothese 3.:

Die Behandlung mit Narrativen wirkt sich signifikant positiv auf die psychosoziale Integration aus. Dies betrifft die Bereiche Schule, Freundschaft, Hausaufgaben, Sexualität sowie Beziehungen zu Freunden und Familienmitgliedern. In der Kontrollgruppe ohne die Zusatzbehandlung mit Narrativen kann dagegen keine signifikant verbesserte psychosoziale Integration erreicht werden.

Hypothese 4:

Durch die Behandlung mit Narrativen kann eine deutlich rückläufige Entwicklung in der depressiven und ängstlichen Symptomatik erzielt werden. In der Kontrollgruppe ohne die Zusatzbehandlung mit Narrativen, wird dagegen kein signifikanter Rückgang von Angst und Depression erwartet.

Es folgt zur Veranschaulichung ein Narrativ, das in der Behandlung eines Jungen mit PTSD in der vorliegenden Interventionsstudie nach plötzlichem Verlust seiner Mutter, eingesetzt wurde:

Teil A (die prätraumatische Zeit):

Es war einmal ein kleiner Hunde-Junge. Der wohnte mit seiner Hunde-Mama und seinem Hunde-Papa auf einem Bauernhof. Ihren Schlafplatz hatten sie in der großen alten Scheune. An das Hofgelände grenzte ein großer Teich.

Mama und Papa hatten den Hunde-Jungen sehr lieb. An schönen Sommertagen verbrachten alle drei oft ihre freie Zeit zusammen. Der kleine Hunde-Junge tollte dann im seichten Wasser des Teiches, der durch die Sonnenstrahlen ganz warm geworden war. Er fühlte, wie das Wasser durch das Fell seine Haut nass machte. Es fühlte sich erfrischend und gut an. Viel Spaß hatte er, wenn der kleine Nachbarshund zu Besuch kam, denn auch er mochte das Wasser und er konnte mit ihm so richtig plantschen. Mama und Papa lagen auf der Wiese, er konnte sie leise miteinander reden hören. Mama versorgte den kleinen Hund mit Essen und Trinken, aber die meiste Zeit genoss auch sie die Sonne und die Ruhe. Der kleine Hund fühlte sich rundum wohl, stark, sicher und geborgen bei Mama und Papa. Später, als der kleine Hund etwas größer wurde, ging er in den Hundekindergarten im Nachbarort. Doch auch dann gab es im Sommer die wunderschöne gemeinsame Zeit mit Mama und Papa am Teich.

Teil B (das traumatische Geschehen):

Eines Tages wurde die Mutter des kleinen Hundes operiert, alle dachten, dass es ihr bald wieder gut gehen würde. Doch leider war dies nicht so und sie musste jeden Tag Spritzen bekommen. Dann passierte etwas sehr Schreckliches, womit niemand aus der Hundefamilie gerechnet hatte. Die Mutter des kleinen Hundes musste mit dem Notarzt spät abends ins Hundekrankenhaus gebracht werden, da es ihr sehr schlecht ging. Die Hundeoma blieb beim kleinen Hund, der schon schlief. Am nächsten Morgen hörte der kleine Hunde-Junge, dass die Ärzte im Krankenhaus versucht hatten seiner Mama zu helfen, aber sie schafften es nicht. Seine Mama war in der Nacht gestorben. Der kleine Hundejunge erfuhr dies am anderen Morgen.

Im Krankenhaus stand er dann mit seinem Hunde-Papa, der Hunde-Oma und dem Hunde-Opa, auch den Schwestern der Mama, am Bett der Mama. Der Hunde-Junge stand ganz dicht neben seinem Papa. Er sah seine Mama dort liegen, er verstand gar nicht was eigentlich passiert war. Er war sehr, sehr traurig, denn er hatte seine Mama doch so lieb. Er weinte sehr, fühlte sich ganz elend und ohne Kraft. Auch die erwachsenen Hunde waren traurig, auch sie hatten der Hundemama nicht helfen können, obwohl sie es so gern getan hätten. Der Hunde-Papa, die Hunde-Oma und der Hunde-Opa nahmen den kleinen Hund in den Arm, wiegten ihn hin und her, streichelten ihm immer wieder über das Fell und sprachen tröstende Worte zu ihm.

In der Zeit danach war der kleine Hund oft ganz traurig, weil seine Mama nicht mehr da war und er sie so sehr vermisste. Er fühlte sich oft allein. Es fehlte ihm auch die Freude und der Spaß, den sie miteinander gehabt hatten. Manchmal fragte er sich, ob er wohl weiter leben wollte. Er dachte täglich an seine Mama.

Manchmal machte es ihn auch wütend, besonders wenn andere Hunde ihn auf seine Mama ansprachen. Sie konnten nicht verstehen, wie es ihm wirklich ging. Er war dann manchmal sogar so wütend und ganz durcheinander, dass er herumschrie und mit anderen Hunden böse raufte. Die anderen Hunde im Hundekindergarten oder später in der Hundeschule fanden ihn deshalb oft komisch und wollten kaum noch etwas mit ihm zu tun haben.

Teil C (die posttraumatische Zeit):

Inzwischen wohnte der kleine Hund mit dem Hunde-Papa auf einem anderen Hof. Der Hunde-Junge versuchte sich an die Zeit zu erinnern, als Mama noch lebte. Jetzt war sie sicher im Hundehimmel. Sicher wollte sie, dass es ihrem Hunde-Jungen gut geht. So dachte er wieder öfter an den Teich, die warmen Sonnenstrahlen und das warme Wasser. Er konnte das Wasser wieder durch das Fell auf seiner Haut spüren. Er fühlte, dass sich in ihm etwas verändert hatte. Die schreckliche Zeit war vorbei. Er wusste, er war nicht ganz allein. Papa war für ihn da, er konnte mit ihm sprechen. Er hatte auch andere erwachsene Hunde kennen gelernt, die ihm sagten, dass sie ihm zuhören, weil er ihnen wichtig sei. Er sei ein netter Hunde-Junge. Auch andere Hunde-Kinder interessierten sich wieder für ihn, er spürte dies, wenn er mit ihnen spielte. Er merkte auch, dass er sich wieder freuen konnte. Es war ein gutes Gefühl und er fühlte sich wieder sicherer. Er dachte an seine Mama, die sich sicher genau das für ihn wünschte. Und er war auch ein bisschen stolz, dass er soviel geschafft hatte (L. Vahl, KJP Hamm).

6.3. Messinstrumente

Hinsichtlich des Einsatzes der Messinstrumente ist zunächst darauf hinzuweisen, dass die Behandlung jeweils mindestens 6 Wochen dauern und den Einsatz von mindestens 3 Narrativen beinhalteten. Entsprechend waren die drei Messzeitpunkte verteilt.

Zum 1. Messzeitpunkt, also am Anfang der Behandlung, wurde als valides Diagnostikinstrument zunächst das Essener Trauma Inventar für Kinder (ETI-KJ-F, Tagay et al., 2011a) in Form einer Fremdeinschätzung vom Therapeuten alleine oder gemeinsam mit den Eltern und/oder anderen wichtigen Bezugspersonen ausgefüllt. Darüber hinaus wurde ein Ressourcenfragebogen, der die sozialen Ressourcen erfasst, (Social- Support Scale, Bettge & Ravens-Sieberer, 2003) sowie das Depressionsinventar für Kinder (DIKJ, Stiensmeier-Pelster et. al., 2000) und der

Angstfragebogen (AFS, Skala manifeste Angst, Wieczerkowski et al., 1998) von den Kindern ausgefüllt. Darüber hinaus wurde das Children Report of Posttraumatic Symptoms (CROPS, Greenwald & Rubin, 1999), ein Screeninginstrument zur Erfassung der traumatischen Belastung, ebenfalls von den Kindern beantwortet sowie der Belastungswert (SUD-Wert) erfragt. Des Weiteren wurde den Eltern der Parent Report of Posttraumatic Symptoms (PROPS, Greenwald & Rubin, 1999), ein Screening- Instrument für die Eltern zur Erfassung der traumatischen Belastung, als Pendant zum CROPS vorgelegt.

3-4 Wochen nach der Behandlung wurde zum 2. Messzeitpunkt als Verlaufkontrolle der Parent Report of Posttraumatic Symptoms (PROPS) durch die Eltern erneut ausgefüllt sowie das Essener Traumainventar (ETI-KJ-F) durch den Therapeuten in Rücksprache mit Eltern und wichtigen Bezugspersonen wieder bearbeitet. Darüber hinaus wurde das Depressionsinventar (DIKJ) und der Angstfragebogen (AFS) sowie das Children Report of Posttraumatic Symptoms (CROPS) vom Kind wieder ausgefüllt sowie erneut der Belastungswert (SUD-Wert) erfragt.

Zur Evaluation wurde als *follow-up nach 2-3 Monaten* bei dem 3. Messzeitpunkt erneut der Parent Report of Posttraumatic Symptoms (PROPS), das Essener Traumainventar (ETI-KJ-F), das Children Report of Posttraumatic Symptoms (CROPS), das Depressionsinventar (DIKJ) und der Angstfragebogen (AFS) erhoben. Darüber hinaus wurden im follow-up 9 Indikatoren zur Beurteilung des Behandlungserfolges wie Aggression, Krisenintervention, Regel- und Grenzakzeptanz, soziale Integration, emotionale Ansprechbarkeit, Kommunikation eigener Gefühle und aktueller Befindlichkeiten, Konzentration, soziale Aktivitäten sowie Leistungsfähigkeit durch den Therapeuten gemeinsam mit den Erziehern und Eltern beurteilt.

Im Folgenden werden die genannten Messinstrumente, die Verwendung fanden, um die Wirkungsweise von Narrativen in der Behandlung von Kindern mit PTSD empirisch zu überprüfen, im einzelnen vorgestellt.

6.3.1. Beschreibung des Essener Traumainventars (ETI-KJ)

Das ETI-KJ (Tagay et al., 2011a) ist ein valides Diagnostikinstrument, das als Fremdeinschätzung in der vorliegenden Forschungsarbeit Verwendung fand und vom Therapeuten alleine oder gemeinsam mit den Eltern und / oder in Rücksprache mit anderen wichtigen Bezugspersonen ausgefüllt wurde. Das ETI-KJ erfasst ein breites Spektrum an traumatischen Ereignissen und wurde als Screeningverfahren für die Identifikation einer posttraumatischen Belastungsstörung (PTBS) nach DSM-IV in der vorliegenden Studie benutzt. Das ETI-KJ setzt sich aus 43 Items zusammen, die aus den Kriterien des DSM-IV abgeleitet wurden. Der Fragebogen gliedert sich in fünf Teile:

1. Der erste Teil besteht aus einer Trauma-Checkliste mit 12 vorgegebenen Ereignissen. Es wird erfragt, ob das Kind ein bestimmtes potentiell traumatisches Ereignis (z.B. „Naturkatastrophe" oder „schwerer Unfall") „selbst" oder als „Beobachter" erlebt hat. Darüber hinaus wird die Möglichkeit gegeben ein weiteres, bisher noch nicht genanntes Ereignis zu beschreiben, das als belastend erlebt wurde. Im Anschluss an die Trauma-Liste wird bei Angabe mehrerer Traumata dasjenige Erlebnis genannt, das das Kind am meisten belastete. Alle weiteren Fragen beziehen sich auf dieses „schlimmste Erlebnis".

2. Im zweiten Teil erfolgt eine zeitliche Einordnung des schlimmsten Erlebnisses. Acht weitere Fragen mit dichotomem Antwortformat zum schlimmsten Erlebnis erfassten das A1- (Bedrohung der physischen Integrität) und A2- (subjektive Einschätzung von Angst, Entsetzen oder Hilflosigkeit) Kriterium des DSM-IV.

3. Im Anschluss beziehen sich 23 Fragen auf die aktuelle posttraumatische Symptomatik mit den drei für eine PTBS typischen Symptomcluster Intrusionen (B-Kriterium; 5 Items), Vermeidung (C-Kriterium; 7 Items) und Hyperarousal (D-Kriterium; 5 Items). Zusätzlich wird noch nach der dissoziativen Symptomatik gefragt, da diese für die Diagnose der Akuten Belastungsstörung relevant ist (bei ABS: B-Kriterium; 6 Items). Diese Skala fand in der vorliegenden Untersuchung jedoch keine Anwendung. Die Auftretenshäufigkeit wird auf einer vierstufigen Likert-Skala mit 0 = „gar nicht", 1 = „selten", 2 = „häufig" und 3 = „sehr oft" eingeschätzt. Demnach bedeuten hohe Werte eine größere posttraumatische Symptomatik. Ergänzend zu den Symptomclustern der PTBS erfasst ein weiteres Item körperliche Beschwerden (z.B. Bauchschmerzen), die erst nach dem schlimmsten Ereignis aufgetreten sind.

4. Anschließend werden zwei Fragen zur zeitlichen Einordnung der Symptome gestellt (Kriterium E). Ferner wurde auf einer sechsstufigen Likert-Skala bewertet, wie belastend das Geschehene aktuell erlebt wird (0 = „gar nicht belastend" bis 5 = „extrem stark belastend").

5. Im fünften Teil erfassen sechs Items, die symptombedingte Einschränkungen im Alltag (z. B. im sozialen oder beruflichen/schulischen Funktionsbereich) (Kriterium F). Die Intensität der Einschränkung wird auf einer 4-stufigen Likert-Skala eingeschätzt (0 = „gar keine" bis 3 = „sehr starke" Schwierigkeiten).

Die *inhaltliche Validität* der Items konnte als gegeben vorausgesetzt werden, da sich die Symptom- Items des ETI-KJ streng an den im DSM-IV aufgeführten Symptomen orientierten. Die Zuordnung der Einzelitems zu den Subskalen erfolgte auf inhaltlicher Basis. Die Grundlage bildete die in der DSM-IV vorgenommene Einteilung der Symptome in die Symptomcluster Intrusion, Vermeidung und Hyperarousal (für PTBS) sowie zusätzlich Dissoziation (für die akute Belastungsreaktion).

Bei der Überprüfung der Reliabilitäten und Interkorrelationen der ETI-KJ Skalen ergaben sich auf Itemebene korrigierte Trennschärfekoeffizienten von rit=0.53-rit=0.78. Die weitere Reliabilitätsanalyse und die Berechnung der Interkorrelationen der ETI-KJ Skalen wurde für die Gesamtstichprobe und getrennt nach Teilstichproben durchgeführt. Es wurden interne Konsistenzen nach Cronbach ermittelt. Für die Gesamtstichprobe ergab die Analyse der Reliabilitäten zufriedenstellende Werte. Cronbachs α lag beim ETT-KJ in der vorliegenden Studie bei .84.

6.3.2. Beschreibung des Parents Report of Posttraumatic Symptoms (PROPS)

Der von Greenwald & Rubin (1999) entwickelte Fragebogen PROPS (Parent Report of Posttraumatic Symptoms) stellt ein bewährtes Traumascrenning- und Therapieevaluationsinstrument für Eltern zur Einschätzung posttraumatischer Symptome bei ihrem Kind dar. Der CITES (Children´s Impact of Traumatic Events Scale; Wolfe et al., 1991) und der CBCL (Child Behavior Checklist; Achenbach & Edelbrock, 1984) in Anlehnung an das DSM-IV dienten als Model bei der Entwicklung der Items. Der Cut-Off Wert für eine PTSD-Diagnose liegt für den PROPS bei 16.9 Punkten. Für den PROPS ergab die Analyse der Reliabilitäten zufriedenstellende Werte. Die Item-Total-Korrelationen der 30 Items waren signifikant (p< .001) und variierten zwischen .43 bis .65. Die interne Konsistenzen nach Cronbach ergaben ebenfalls zufriedenstellende Werte. Cronbach´s α lag bei .93, die Test-Retest Korrelationen bei .79 (p< .001). Insgesamt berichten Greenwald & Rubin (1999) über gute Werte für die Reliabilität und für die Validität zur Erfassung posttraumatischer Symptome bei Kindern. Cronbach´s α lag in der vorliegenden Studie bei .76.

6.3.3. Beschreibung des Child Report of Posttraumatic Symptoms (CROPS)

Der ebenfalls von Greenwald & Rubin (1999) entwickelte Fragebogen CROPS (Child Report of Posttraumatic Symptoms) stellt ein bewährtes Traumascrenning- und Therapieevaluations-Instrument für Kinder ab 7 Jahren dar. Die abgefragten Items bezogen sich auf Vermeidungstendenzen, Intrusionen, und Hyperarousal. Auch in diesem Fragebogen wird ein einfacher Punkte-Wert durch Addieren ermittelt. Die drei Kategorien "gar nicht", "etwas" und "sehr" zählen 0,1 und 2 Punkte. Der Cut-Off Wert für eine PTBS- Diagnose liegt für den CROPS bei 18.6 Punkten. Für den CROPS ergab die Analyse der Reliabilitäten zufriedenstellende Werte. Die Item-Total-Korrelationen der 25 Items waren signifikant (p< .001) und variierten zwischen .36 bis .66. Die interne Konsistenzen nach Cronbach ergab ebenfalls zufriedenstellende Werte. Cronbach´s α lag bei .91. Die Test-Retest Korrelationen lagen bei .80 (p< .001). Insgesamt benennen die Autoren auch für den CROPS zufriedenstellende Werte für die Reliabilität und die Validität der Skalen zur Erfassung von Stresssymptomen bei Kindern. Cronbach´s α lag in der vorliegenden Studie für den PROPS bei .83.

6.3.4. Beschreibung der Social Support Scale

Als Erhebungsinstrument zur Erfassung wesentlicher Ressourcen von Kindern und Jugendlichen wurde die ins Deutsche übersetzte Social Support Scale von Bettge & Ravens-Sieberer (2003) benutzt. Die Stichprobe der Originalversion mit insgesamt 49 Items und 6 Skalen (soziale Unterstützung, Familienklima, Kohärenzsinn, Optimismus, Selbstwirksamkeit und gesundheitsbezogene Kontrollüberzeugungen) zur Erfassung der Schutzfaktoren für die psychische Gesundheit von Kindern und Jugendlichen umfasste 883 Kinder und Jugendliche, jeweils etwa zur Hälfte Mädchen (49,5%) und Jungen (50,5%). Der Altersmittelwert lag bei 13,6 Jahre. Als Maß für die *Reliabilität* der Skalen wurde die interne Konsistenzen berechnet. Bettge et al. (2003) berichten über gute psychometrische Kennwerte, Cronbachs α lag bei α=.87. Zur Messung der *Validierungskriterien* zur psychischen und körperlichen Gesundheit wurden der Strengths and Difficulties Questionnaire (SDQ), der als Screening- Fragebogen zur Erfassung psychischer Auffälligkeiten entwickelt wurde, und der KINDL-Fragebogen zur Erfassung gesundheitsbezogener Lebensqualität eingesetzt (Bettge & Ravens-Sieberer, 2003). Es wurde überprüft, ob die Schutzfaktoren-Skalen eine Beziehung mit den Validierungskritierien psychische und subjektive Gesundheit zeigten, was anhand der Korrelation der Schutzfaktoren-Skalen mit dem SDQ-Gesamtproblemwert (Summenscore aus 20 Items zu psychischen Auffälligkeiten) sowie dem KINDL-Gesamtwert (Summenscore aller 24 Items zur gesundheitsbezogenen Lebensqualität) beurteilt wurde. Die Schutzfaktoren korrelieren negativ mit psychischen Problemen (SDQ) und positiv mit subjektiver Gesundheit (KINDL) (Bettge & Ravens-Sieberer, 2003). Die neu entwickelte Kurzform, die mittels einer explorativen Faktoranalyse entwickelt wurde, umfasste 8 Fragen zur sozialen Unterstützung sowie eine Skala zu personalen (4 Items) und eine dritte zu familiären Ressourcen (3 Items). In der hier durchgeführten Untersuchung wurde, wie bereits erwähnt, nur die Skala soziale Ressourcen benutzt. Zusammenfassend bleibt festzuhalten, dass durch die Kurzform ein Screeninginstrument für Kinder und Jugendliche entwickelt wurde, das Risikogruppen und Schutzfaktoren identifiziert. Cronbach´s α lag in der vorliegenden Studie für die Skala soziale Ressourcen bei .77.

6.3.5. Beschreibung des Depressionsinventars für Kinder (DIKJ)

Das Depressionsinventar für Kinder und Jugendliche Stiensmeier-Pelster et al. (2000) ist ein reliables und valides Messinstrument zur Erfassung des Schwere- bzw. des Ausprägungsgrades einer depressiven Störung bei Kindern und Jugendliche im Alter von 8-17 Jahren. Es umfasst 26 Items, die sich in die vier Bereiche der emotionalen, kognitiven, motivationalen und körperlichen Symptome aufgliedern lassen. Jedes Item ermöglicht drei Antwortalternativen, die die folgenden Ausprägungen eines Symptoms kennzeichnen: (0) Symptom liegt nicht vor, (1) Symptom liegt in mittelstarker Ausprägung vor und (2) Symptom liegt in sehr starker Ausprägung vor.

Es wurden von Stiensmeier-Pelster und Mitarbeitenden in den verschiedenen Untersuchungen ((*Stiensmeier-Pelster, 1989: Klinikstichprobe (N=83) & Schulstichprobe (N=846); Stensmeier, 1991: Gesamtstichprobe (N=319), 2.-4. Klasse; Stiensmeier-Pelster & Dickhäuser, 2000: Gesamtstichprobe (N=2415) von Hauptschule, Realschule, Gesamtschule und Gymnasium)*) *Reliabilitätskennwerte* des DIKJ ermittelt. In allen Stichproben ergaben sich zufriedenstellende bis gute Reliabilitätskennwerte. In der Untersuchung von Stiensmeier (1988) wurde auch die Test-Retest-Reliabilität des DIKJ überprüft. Als Koeffizient für die Retest-Reliabilität ergab sich ein Wert von .76. Zur Überprüfung der *Validität* wurde der Unterschied zwischen psychopathologisch auffälligen und unauffälligen Kindern und Jugendlichen ermittelt. Der Mittelwert im DIKJ für die psychopathologisch auffälligen Kindern und Jugendlichen lag deutlich höher als für die psychopathologisch unauffälligen Kindern und Jugendlichen (t(74)=3.6; p<.001).

Insgesamt wies der DIKJ somit eine gute Validität und Reliabiliät zur Erfassung depressiver Erlebnisweisen bei Kindern auf. Conbach´s α für den DIKJ lag in der vorliegenden Studie bei .79.

6.3.6. Beschreibung des Angstfragebogen für Schüler (AFS)

Der Angstfragebogen (AFS) von Wieczerkowsi et al. (1998) ist ein mehrfaktorieller Fragebogen, der die ängstlichen und unlustvollen Erfahrungen von Schülern der Altersstufen 9-16/17 Jahren in Bezug af drei Aspekte erfasst: Prüfungsangst, allgemeine manifeste Angst und Schulunlust. Darüber hinaus enthält der AFS eine Skala zur Erfassung der Tendenz von Schülern, sich angepasst und sozial erwünscht darzustellen, die als „soziale Erwünschtheit" bezeichnet wird. Die vorliegende Arbeit benutzte ausschließlich die Skala „allgemeine manifeste Angst". Die Items bezogen sich auf allgemeine Angstsymptome wie Herzklopfen, Nervosität, Einschlaf- und Konzentrationsstörungen sowie auf Furchtsamkeit und ein reduziertes Selbstvertrauen.

Für den AFS wurden zwei Zuverlässigkeitsmaße bestimmt, die sich auf die *interne Konsistenz* und die *Retest-Reliabilität* beziehen. Die *interne Konsistenz* wurde durch die Aufwertung der mittleren Iteminterkorrelationen nach der Formel von Spearman-Brown geschätzt. Die *Retest-Reliabilität* wurde an einem Teil der Eichstichprobe bestimmt (N-Teil=368, N-Jungen=176, N-Mädchen=192 aus der 12. Klassen des 3.-9- Schuljahres). Die Reliabilitätsschätzungen sowie die Retestreliabilität für die unterschiedlichen Stichproben und die Analysen der Validität ergaben zufriedenstellende Werte. Cronbachs α lag im AFS in der vorliegenden Studie bei .78.

6.4. Datenanalyse

Die statistische Auswertung der Fragebögen erfolgte mittels eines Personalcomputers unter Verwendung des Statistikprogrammes „Stastical Package for Social Sciences" (SPSS) für Windows, Version 19.0.. Informationen über die verwendeten statistischen Verfahren wurden aus dem Buch „SPSS- Durchführung fortgeschrittener statistischer Analysen" des regionalen Rechenzentrums für Niedersachsen der Universität Hannover und der Fachrichtung Psychologie der Universität des Saarlandes Saarbrücken (2004) in der 4. Auflage entnommen.

Im Rahmen der Hypothesenüberprüfung wurden deskripitve Statistiken, t-Tests für unabhängige Stichproben, einfaktorielle Varianzanalysen und Chi Quadrat-Tests sowie multivariate Analysen mit drei Messzeitpunkten durchgeführt. Statistische Signifikanz wurde als erfüllt angesehen, wenn die Irrtumswahrscheinlichkeit nicht über 5% lag.

C.   DARSTELLUNG DER ERGEBNISSE

7.   Darstellung der Ergebnisse der Interventionsstudie

Im Folgenden soll nun zuerst die Patientengewinnung und die Gruppenbildung beschrieben werden. Danach folgt die Darstellung der Ergebnisse der vorliegenden Interventionsstudie.

7.1.   Patientenrekrutierung und Gruppenbildung

Es nahmen insgesamt 37 Kinder im Alter von 7-13 Jahren an den drei Messzeitpunkten der Untersuchung teil. 14 Kinder waren stationär in der Universitätsklinik der Kinder und Jugendpsychiatrie in Hamm, 2 teilstationär in der Tagesklinik Hamm untergebracht. 17 Kinder rekrutierten sich aus der Traumaambulanz Hamm. Insgesamt führten 8 TherapeutInnen der Universitätsklinik der Kinder- und Jugendpsychiatrie Hamm die Untersuchungen und Behandlungen durch. Des Weiteren wurden 4 Kinder von insgesamt 3 niedergelassenen TherapeutInnen behandelt. Eine Therapeutin, Frau Julia van Nahmen, stammte aus der kinder- und jugendpsychiatrischen Praxis in Düsseldorf Dr. Geraets und übernahm eine Behandlung.

1 weitere Behandlung wurde von Frau Grosspitsch-Ocur mit der Niederlassung in Nürnberg durchgeführt. 2 Behandlungen übernahm die Verfasserin in eigener kinderpsychotherapeutischer Praxis in Essen. Es befanden sich 18 Kinder in der Narrativ-Behandlungsgruppe. 11 Kinder wurden mit 3 Narrativen, 5 Kinder mit 4, 1 Kind mit 5 und 1 Kind mit 6 Narrativen behandelt (MW=3.56, SD= .85). 19 Kinder wurden in die Kontrollgruppe aufgenommen. Aufgeteilt auf die unterschiedlichen Gruppen sah das Setting folgendermaßen für die Narrativ-Behandlungsgruppe aus: 12 Kinder wurden stationär behandelt, 2 teilstationär, 4 durch die niedergelassenen TherapeutInnen. Für die Kontrollgruppe wurden 2 stationär und 17 in der Traumaambulanz in Hamm behandelt.

Die Behandlung der 17 ambulanten ProbandInnen, die ohne die Zusatzbehandlung mit Narrativen in der Traumaambulanz Hamm behandelt wurden, orientierte sich an der Standardbehandlung der Traumaambulanz, wie sie vom Landschaftsverband Westfalen Lippe etabliert wurde. Sie richtete sich nach folgenden Gesichtspunkten: Etablierung eines stabilen Arbeitsbündnisses mit dem Kind und seiner wichtigsten Bezugspersonen; Erhebung der aktuellen Vorgeschichte und der Symptomatik unter psychotraumatologischen Gesichtspunkten, Erhebung der Traumaanamnese; Anwendung tiefenpsychologisch/analytisch und kognitiv-verhaltenstherapeutischer Elemente zur Verarbeitung des traumatischen Erlebens. Die Standardbehandlung ohne die Zusatzbehandlung mit Narrativen der 2 ProbandInnen der Kontrollgruppe, die stationär in der Kinder- und Jugendpsychiatrie in Hamm untergebracht waren, erfolgte auf einem multimodalen Behandlungsansatz verschiedener Berufsgruppen (psychologische und ärztliche TherapeutInnen, HeilpädagogInnen, MotopädInnen, PädagogInnen, LehrerInnen, ErzieherInnen, Krankenschwestern). Die 2 Kinder nahmen an ergotherapeutischen Einzel- und Gruppenbehandlungen, einer psychomotorischen Gruppenbehandlung, einer heilpädagogischen Einzelbehandlung sowie an therapeutischen Gesprächen mit dem psychologischen oder ärztlichen StationstherapeutInnen teil.

Tab.3: Setting nach Narrativ-Behandlungsgruppe und Kontrollgruppe

Setting (%)	Narrativ-Behandlungsgruppe (n=18)	Kontrollgruppe (n=19)
Stationär Hamm	N= 12 (66.7%)	N= 2 (10.5%)
Teilstationär Hamm	N= 2 (11.1%)	0
Niedergelassene Therapeuten	N= 4 (22.2%)	0
Traumaambulanz Hamm	0	N= 17 (89.5%)

7.1.1. Soziodemographische Daten, Inanspruchnahme, Vorbehandlungen

Die *soziodemographischen Daten* ergeben folgende Informationen: In der Narrativ-Behandlungsgruppe waren 5 Kinder (27.8 %) weiblichen, 13 (72.2%) männlichen Geschlechts, in der Kontrollgruppe 9 (47.4 %) weiblichen, 10 (52.6%) männlichen Geschlechts (Chi²= 1.50; p= .219). Im Mittelwert waren die 18 Kinder in der Therapiegruppe 10,66 Jahre alt (SD=1.60), die 19 Kinder in der Kontrollgruppe waren 11.37 Jahre (SD=2.03) (Chi²= 7.6; p= .182).

Bezüglich der *Lebens- und Familiensituation* lebte in der Narrativ-Behandlungsgruppe niemand mit beiden Eltern zusammen, 13 Kinder (72.2%) mit einem Elternteil, 2 Kinder (11.1%) bei Pflege/Adoptiveltern, 2 Kinder (11.1%) in einer Heim/Wohngruppe und 1 Kind (5.6%) bei Verwandten. In der Kontrollgruppe lebten lediglich 4 Kinder (21.1%) mit beiden Eltern zusammen, 8 Kinder (42.1%) mit einem Elternteil, 2 Kinder (10.5%) bei Pflege/Adoptiveltern, 5 Kinder (26.3%) in einer Heim/Wohngruppe und niemand bei Verwandten (Chi²= 7.45; p= .114).

Soziodemographische Daten
Gesamtstichprobe

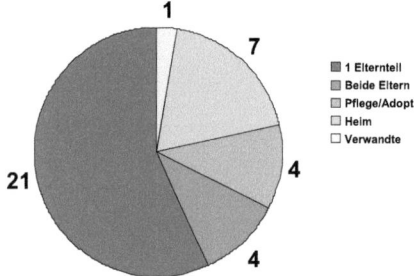

Abb.4: Lebensgemeinschaften der Gesamtstichprobe in absoluten Häufigkeiten

Zum Zeitpunkt der Untersuchung waren in der Narrativ-Behandlungsgruppe 9 Kinder (50%) in der Grundschule, 4 Kinder (22.2%) in der Hauptschule, 2 Kinder (11.1%) in der Gesamtschule und 3 Kinder (16.7%) in der Förderschule. In der Kontrollgruppe besuchten 5 Kinder (26.3%) die Grundschule, 7 Kinder (36.8%) die Hauptschule, niemand die Gesamtschule und weitere 7 Kinder (36.8%) die Förderschule (Chi²= 5.53; p= .136).

Bei der *Inanspruchnahme einer medizinischen Betreuung* ergab sich bei der Narrativ-Behandlungsgruppe, dass 13 Kinder (72.2%) 1-4 Mal, 2 Kinder (11.1%) 5-8 Mal zum Arzt gingen und 2 Kinder (11.1%) 9-12 mal. In der Kontrollgruppe ging 1 Kind gar nicht zum Arzt,

7 Kinder (47.4%) 1-4 Mal, 1 Kind (5.3%) 5-8 Mal, 7 Kinder (36.8%) 9-12 Mal und 1 Kind (5.3%) mehr als 24 Mal (Chi²= 4,82; p= .307).

Vor der Untersuchung suchten bereits *ambulante therapeutische Unterstützung* in der Narrativ-Behandlungsgruppe 11 Kinder (61.1%) und in der Kontrollgruppe 18 Kinder (94.7) (Chi²=6.17; p= .013) auf. In *stationärer Behandlung* vor der Untersuchung waren in der Narrativ-Behandlungsgruppe 3 Kinder (16.7%) und ebenfalls 3 Kinder (15.8) in der Kontrollgruppe (Chi²= .005 ; p= .942).

7.1.2. Häufigkeit potentiell traumatischer Ereignisse

Betrachtet man die Häufigkeiten nach **Abb.**5 der potentiell traumatischen Ereignisse im ETI-KJ der Gesamtstichprobe, so wurde gewalttätiger Angriff durch den Familien- oder Bekanntenkreis am häufigsten genannt (N=23), gefolgt von Vernachlässigung und Verwahrlosung (N=18) und sexuellem Missbrauch durch den Familien- oder Bekanntenkreis (N=10).

Anzahl potentiell traumatischer Ereignisse
Gesamtstichprobe

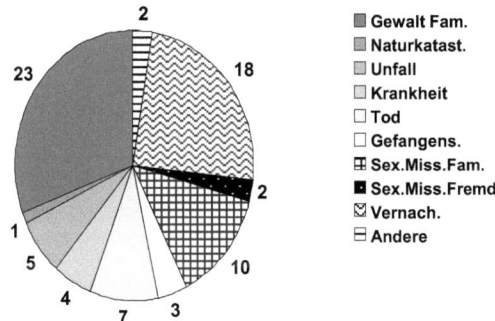

Abb.5: Anzahl potentiell traumatischer Ereignisse (Zeuge/Persönlich/Beides)

Als das schlimmste Ereignis in der Gesamtstichprobe wurde gewalttätiger Angriff durch eine Person aus dem Bekanntenkreis (N=21, 56.8%), gefolgt von sexuellem Missbrauch durch eine Person aus dem Familien- oder Bekanntenkreis (N=6, 16.2%) und Tod einer wichtigen

Bezugsperson (N=5, 13.5%) identifiziert (**Abb.6**).

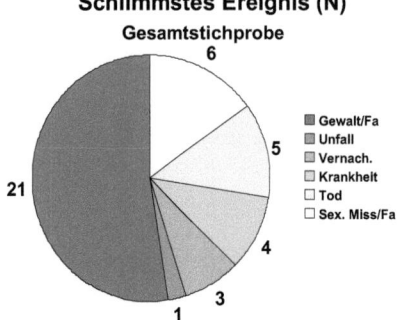

Schlimmstes Ereignis (N)
Gesamtstichprobe

- Gewalt/Fa
- Unfall
- Vernach.
- Krankheit
- Tod
- Sex. Miss/Fa

Abb.6: Schlimmstes Ereignis der Gesamtstichprobe (persönlich/Zeuge/beides)

Im einzelnen teilen sich die Häufigkeiten potentiell traumatischer Ereignisse und das schlimmste Ereignis wie folgt auf:

Tab.4: Häufigkeiten potentiell traumatischer Ereignisse & schlimmstes Ereignis

Potentiell traumatische Ereignisse N (%) nach Teil- und Gesamtstichprobe	Gesamt	Narrativ-Behandlungsgruppe	Kontrollgruppe
Naturkatastrophe			
Persönlich	N= 1 (2.7%)	0	N= 1
Zeuge	0	0	0
Beides	0	0	0
Schwerer Unfall	0		
Persönlich	N= 3 (8.1)	3 (16.7%)	0
Zeuge	N= 2 (5.4%)	0	N= 2 (10.5%)
Beides	0	0	0
Schwere Krankheit			
Persönlich	N= 1 (2.7)	1 (5.6)	0
Zeuge	N= 2 (5.4%)	2 (11.2%)	0
Beides	N= 1 (2.7%)	1 (5.6%)	0
Gewalttätiger Angriff durch Familien- oder Bekanntenkreis			
Persönlich	N= 7 (18.9%)	N= 2 (11.1%)	N= 5 (26.3%)
Zeuge	N= 4 (10.8%)	N= 2 (11.1%)	N= 2 (10.5%)
Beides	N= 12 (32.4)	N= 4 (22.2%)	N= 8 (42.1)

60

Potentiell traumatische Ereignisse N (%) nach Teil- und Gesamtstichprobe	Gesamt	Narrativ-Behandlungsgruppe	Kontrollgruppe
Tod oder Verlust einer wichtigen Bezugsperson			
Zeuge	N= 7 (18.9%)	N= 6 (33.4%)	N= 1 (5.3%)
Gefangenschaft			
Persönlich	N= 3 (8.1%)	N= 2 (11.1%)	N= 1 (5.3%)
Zeuge	0	0	0
Beides	0	0	0
Sexueller Missbrauch durch eine fremde Person			
Persönlich	N= 2 (5.4%)	N= 1 (5.6%)	N= 1 (5.3%)
Zeuge	0	0	0
Beides	0	0	0
Sexueller Missbrauch durch Familien - oder Bekanntenkreis			
Persönlich	N= 10 (27.0%)	N= 3 (16.7%)	N= 7 (36.8%)
Zeuge	0	0	0
Beides	0	0	0
Vernachlässigung, Verwahrlosung			
Persönlich	N= 17 (45.9%)	N= 8 (44.4%)	N= 9 (47.4%)
Zeuge	N= 1 (2.7%)	N= 1	0
Beides	0	0	0
Andere belastende Ereignisse			
Kindsmutter psychisch krank	N= 1 (2.7%)	0	N= 1 (5.3%)
Umzug	N= 1 (2.7%)		
Schlimmstes Ereignis			
Schwerer Unfall	N= 1 (2.7%)	N= 1 (5.6%)	0
Gewalttätiger Angriff durch eine Person aus dem Bekanntenkreis	N= 21 (56.8%)	N= 7 (38.9%)	N= 14 (73.7%)
Tod einer wichtigen Bezugsperson	N= 5 (13.5%)	N= 5 (27.8%)	0
Sexueller Missbrauch durch eine Person aus dem Familien- oder Bekanntenkreis	N= 6 (16.2%)	N= 2 (11.1%)	N= 4 (21.1%)
Vernachlässigung, Verwahrlosung	N= 3 (8.1%)	N= 2 (11.1%)	N= 1 (5.3%)

7.2. Trauma und PTSD- Prävalenz

In der Fremdbeschreibung des ETI-KJ wurde ebenfalls gefragt, wie lange das schlimmste Trauma zurücklag. Nur bei 2 Kindern lag das traumatische Ereignis erst kurzfristig, sechs bis neun Monate, zurück. Bei 18 Kindern lag das traumatische Ereignis 1 bis 2.5 Jahre zurück, bei 9 Kindern 3-5 Jahre und bei 8 Kinder 6-11 Jahre. Daraus wird bereits deutlich, dass es sich bei den meisten Kindern um schwere und chronifizierte Krankheitsverläufe handelt.

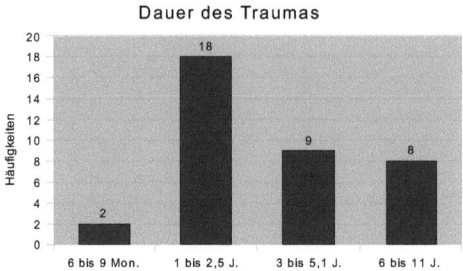

Dauer des Traumas

Abb.7: Dauer des schlimmsten Traumas

7.3. Häufigkeiten des DSM- IV Kriteriums

Tab.5 zeigt die Häufigkeiten für die Traumakriterien von DSM-IV A1 und A2 für die diagnostischen Kriterien einer PTSD. Besonders hoch waren die Angaben in der Gesamtstichprobe für die subjektiven Empfindungen von „Hilflosigkeit" (N=35) und „starke(r) Angst" (N=35). In diesem Kontext wird deutlich, dass die A2 Kriterien dabei wesentlich deutlicher ausfallen als die A1 Kriterien.

Tab.5: Häufigkeiten der DSM- IV Kriterien nach Teil- und Gesamtstichprobe

	Gesamt N (%)	Narrativ-Behandlungs-gruppe N (%)	Kontrollgruppe N (%)	Chi²	P-Wert
DSM- IV A1					
Körperliche Verletzung	N=13 (35.1%)	N=5 (27.8%)	N=8 (42.1%)	.83	.362
Dem Gedanken, das eigene Leben sei in Gefahr	N=24 (64.9%)	N=10 (55.6%)	N=14 (73.7%)	1.33	.248
Körperliche Verletzung anderer Personen	N=12 (32.4%)	N=7 (38.9%)	N=5 (26.3%)	.66	.414
Dem Gedanken, das Leben einer anderen Person sei in Gefahr	N=25 (67%)	N=13 (72.2%)	N=12 (63.2%)	.34	.566
DSM-IV A2					
Hilflosigkeit	N=35 (94.6%)	N=17 (94.4%)	N=18 (94.7%)	.00	.969
Starke Angst	N=35 (94.6%)	N=18 (100%)	N=17 (89.5%)	2.00	.157
Starke Angespanntheit	N=31 (83.8%)	N=16 (88.9%)	N=15 (78.9%)	.67	.412
Starke Ruhelosigkeit	N=19 (51.4%)	N=9 (50.5%)	N=10 (52.6%)	.02	.873

7.4. Ausgangsbedingungen der Narrativ- und Kontrollgruppe

Inwieweit ähnliche Merkmale in den Ausgangsbedingungen in der Narrativ- und Kontrollgruppe in Bezug auf die Ausprägung der *PTSD- Symptomatik,* des Ausmaßes von *Depression und Angst* sowie den ermittelten *Ressourcen* vorliegen, wurde durch einen T-Test überprüft. Die Baseline der *PTSD- Ausprägung* der Narrativgruppe lag bei einem MW= 28.27 (SD= 6.72) und in der Kontrollgruppe bei MW= 31.36 (SD= 6.23, p= .156). Im *DIKJ- Gesamtwert* wurde ein Ausgangsmittelwert in der Narrativgruppe bei MW= 19.7 (SD=8.73) und in der Kontrollgruppe bei MW= 20.89 (SD= 9.26, p=.696) gefunden. Der Ausgangmittelwert in der Narrativgruppe beim *AFS- Gesamtwert* lag bei MW= 7.94 (SD=4.09) und in der Kontrollgruppe bei MW= 8.38 (SD=3.97, p=.745). Bei der Ermittlung der sozialen Ressourcen wurde ein Mittelwert in der Narrativgruppe von MW= 30.12 (SD=4.92) und in der Kontrollgruppe von MW= 28.70 (SD=5.58, p=.446) sichtbar. Des Weiteren lag der *CROPS- Gesamtmittelwert* in der Ausgangsbedingung in der Narrativgruppe bei MW= 23.77 (SD= 5.0), in der Kontrollgruppe bei MW 27.52 (SD= 5.49, p= .037). Der *PROPS- Gesamtmittelwert* belief sich in der Narrativgruppe auf MW= 34.72 (SD= 8.52) und in der Kontrollgruppe auf MW= 36.84 (SD= 6.94, p= .411).

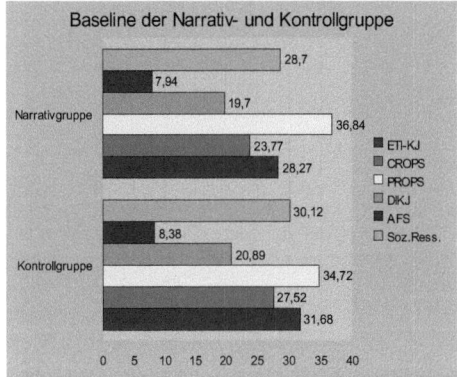

Abb.8: Baseline der Narrativ- und Kontrollgruppe

Insgesamt lässt sich feststellen, dass die Narrativ- und die Kontrollgruppe gleiche Ausgangbedingungen mit minimalen Schwankungen in Bezug auf die posttraumatische, die depressive und ängstliche Ausgangssymptomatik aufweisen. Bezüglich der Skala *manifester Angst* und im *DIKJ* haben beide Ausgangswerte eine ähnliche Ausprägung, wobei die Kontrollgruppe etwas höhere Werte in Bezug auf die ängstliche und depressive Symptomatik aufweist. Des Weiteren sind die Ausgangmittelwerte *CROPS* und *PROPS* in geringem Maße voneinander entfernt. Auch hier sind die Werte der Kontrollgruppe der Narrativgruppe leicht überlegen. Bezüglich der sozialen Ressourcen fällt der Gesamtmittelwert der Narrativgruppe leicht höher aus als in der Kontrollgruppe.

7.5. Verlauf der posttraumatischen Symptomatik im Essener Traumainventar (ETI-KJ-F) (Hypothese 1)

Die *PTSD- Ausprägung* in Bezug auf die Skalen Intrusion, Hyperarousal und Vermeidung sank in der *Narrativgruppe*. Der Ausgangsmittelwert vom 1. auf den 2. Messzeitpunkt fiel von MW= 28.7 (SD= 6.6) auf MW= 10.7 (SD= 6.55) und auf MW= 4.9 (SD= 2.48) (F=96.20, df= 1, p≤ .000) beim 3. Messzeitpunkt. In der *Kontrollgruppe* blieben die Werte fast konstant: beim 1. Messzeitpunkt lag der Mittelwert bei MW= 32.5, (SD= 6.15), beim 2. bei MW= 31.5 (SD= 5.42) und beim 3. Messzeitpunkt bei MW= 31.1 (SD= 5.53), (F= 1.79, df= 1, p= .205).

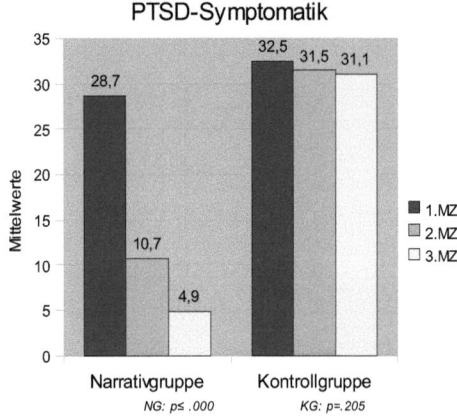

Abb.9: PTSD- Symptomatik über die 3 Messzeitpunkte

7.6. Verlauf der Werte im Children Report of Posttraumatic Symptoms (CROPS) (Hypothese 1)

Während der Behandlung mit Narrativen ist bezüglich der Entwicklung im *CROPS* ein ähnlicher Verlauf zu beobachten. Die Mittelwerte in der *Narrativgruppe* sanken vom 1. auf den 2. Messzeitpunkt von MW= 24.1 (SD= 4.93) auf MW= 8.8 (SD= 3.92) und beim 3. Messzeitpunkt auf MW= 6.9 (SD= 5.05), (F= 90.69, df= 2, p≤ .000). In der *Kontrollgruppe* war nur eine geringfügige Reduktion der empfundenen traumatischen Belastung zu erkennen. Beim 1. Messzeitpunkt lag der Mittelwert bei MW= 27.4 (SD= 5.57), beim 2. Messzeitpunkt bei MW= 27.1 (SD= 4.94) und beim 3. Messzeitpunkt bei MW= 26.4 (SD= 5.64), (F= .74, df= 2, p= .748).

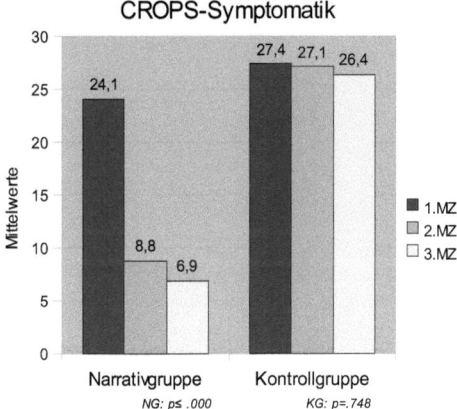

Abb.10: CROPS- Summenwerte über die 3 Messzeitpunkte

7.7.   Verlauf der Werte im Parent Report of Posttraumatic Symptoms (PROPS) (Hypothese 1)

Die Mittelwerte im *PROPS* sanken über die 3. Messzeitpunkte in der *Narrativgruppe* deutlich ab. Bei der ersten Messung lag der Mittelwert bei 35.5 (SD= 8.04), bei der 2. Messung bei MW= 12.2 (SD= 5.5) und bei der 3. Messung bei MW= 8.2 (SD= 4.79), (F= 78.33, df= 2, p= $\leq$000). In der *Kontrollgruppe* dagegen waren nur geringfügige Schwankungen erkennbar: bei der ersten Messung lag der MW= 37.0 (SD= 6.51), bei der zweiten bei MW= 36.4 (SD= 6.51) und bei der 3. Messung bei MW= 36.0 (SD= 7.83), (F= .15, df= 2, p= .855).

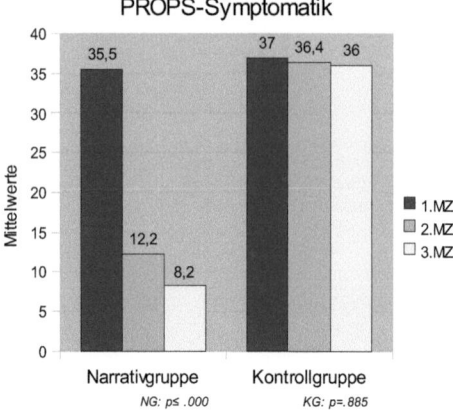

PROPS-Symptomatik

Abb.11: PROPS- Summenwerte über die 3 Messzeitpunkte

7.8. Verlauf der Werte im SUD (Hypothese 1)

Der SUD- Wert (subjective unit of distress) im ETI-KJ erfasst die aktuelle psychische Belastung auf einer Skalierung von 0 (gar nicht belastende) –5 (extrem stark belastend), die subjektiv vom Kind empfunden wird. Die Angaben stammen vom Kind, das während der 3 Messzeitpunkte nach dem aktuellem Belastungsgrad gefragt wurde. Wie die folgende **Abb. 12** wiedergibt, sank der SUD- Wert im Gegensatz zur Kontrollgruppe signifikant. Bei der ersten Messung in der *Narrativgruppe* lag der Mittelwert bei 4.41 (SD= .50), bei der 2. Messung bei MW= 2.24 (SD= .90) und bei der 3. Messung bei MW= 1.4 (SD= .71), (F=111.80, df= 2, p= ≤000). In der *Kontrollgruppe* dagegen waren keine signifikanten Schwankungen erkennbar: vom 1. auf den 2. Messzeitpunkt von einem Wert von MW= 4.0 (SD= .65) auf MW= 4.13 (SD= 0.64) und beim 3. Messzeitpunkt auf MW= 4.07 (SD= .59), (F= .49, df= 2, p= .623).

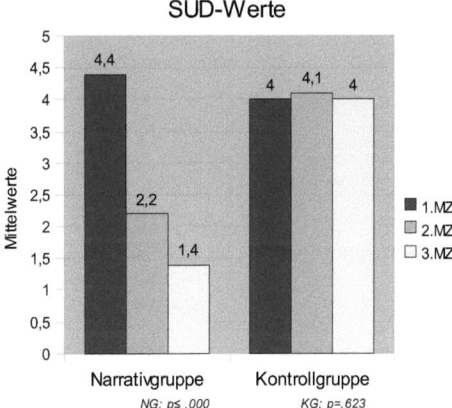

SUD-Werte

Narrativgruppe
NG: p≤.000

Kontrollgruppe
KG: p=.623

Legend: 1.MZ, 2.MZ, 3.MZ

Values shown: Narrativgruppe 4,4 / 2,2 / 1,4; Kontrollgruppe 4 / 4,1 / 4

Abb.12: SUD-Werte im ETI-KJ über die 3 Messzeitpunkte

7.9. Verlauf der neun psychosozialen Indikatoren (Hypothese 2)

Der Verlauf der psychosozialen Indikatoren wurde auf einer 5- stufigen Skala gemessen. Über die 3 Messzeitpunkte sah der Verlauf der Krisenintervention, der aggressiven Verhaltensweisen, der Regel- und Grenzakzeptanz, der sozialen Integration, der emotionalen Ansprechbarkeit, der Kommunikation eigener Gefühle, der Konzentrationsspanne, der sozialen Aktivitäten und der schulischen Leistungen in der Narrativ- und Kontrollgruppe wie folgt aus:

Tab.6: Verlauf der psychosozialen Indikatoren

	1.MZ					2.MZ					3.MZ				
	MW	SD	T	df	P	MW	SD	T	Df	P	MW	SD	T	df	P
Krisenint.															
NG	.61	1.42	1.82	17	.085	.11	.47	1.0	17	.331	-	-			
KG	-	-				-	-				-	-			
Aggr.															
NG	1.22	2.04	-2.0	35	.053	.33	.84	-4.8	25.12	.000	.29	.68	-4.3	16.83	.000
KG	2.47	1.74				2.63	1.89				2.67	2.02			
Regel.															
NG	2.33	1.60	-.07	28.36	.938	3.61	.97	4.17	35	.000	3.71	.68	4.91	30	.000
KG	2.37	1.01				2.37	.83				2.27	.96			
Soz.In.															
NG	2.22	1.11	-.91	35	.367	3.44	.85	2.99	35	.005	3.88	.60	3.78	20.17	.001
KG	2.53	.90				2.58	.90				2.60	1.18			
Emot.A.															
NG	1.83	1.04	-1.2	35	.221	3.78	.64	7.3	35	.000	3.88	.60	7.87	30	.000
KG	2.21	.78				2.05	.78				2.07	.70			
Komm.Gef.															
NG	1.83	1.61	.23	23.42	.819	3.56	1.04	6.45	28.79	.000	3.41	.71	7.18	30	.000
KG	1.74	.73				1.68	.67				1.73	.59			

Tab.6: NG=Narrativgruppe, KG=Kontrollgruppe; Krisenint.=Krisenintervention; Aggr.=Aggression; Regel.=Regelakzeptanz; Soz.In.=Soziale Integration; Emot.A.=emotionale Ansprechbarkeit; Komm.Gef.=Kommunikation eigener Gefühle; 1.MZ, 2.MZ, 3.MZ: 1.-3. Messzeitpunkt; MW=Mittelwert; SD=Standardabweichung; T=T-Wert; df= Freiheitsgrade; P=Signifikanz.

Tab.6: Verlauf der psychosozialen Indikatoren

	1.MZ MW	SD	T	df	P	2.MZ MW	SD	T	df	P	3.MZ MW	SD	T	df	P
Konzentrat.															
NG	3.11	.96	3.79	35	.001	3.61	.77	6.04	35	.000	3.65	.70	5.54	30	.000
KG	2.0	.81				2.11	.73				2.20	.77			
Soz.Aktiv.															
NG	2.22	1.21	-.26	35	.795	3.56	.85	4.17	35	.000	3.82	.52	5.56	20.48	.000
KG	2.32	.94				2.32	.94				2.2	1.01			
Schule															
NG	2.61	1.19	1.85	35	.071	3.28	.95	3.76	35	.001	3.41	1.06	3.99	30	.000
KG	1.95	.97				2.11	.93				2.07	.79			

Insgesamt wird deutlich, dass die Werte bezüglich des Verlaufes der emotionalen und sozialen Indikatoren in der Kontrollgruppe bis auf geringfügige Schwankungen nahezu konstant blieben. Anders entwickelten sich die Ausprägungen in der Narrativgruppe, da in der Interventionsgruppe mit Narrativen eine Verbesserung der emotionalen Ansprechbarkeit und Reagibilität sowie eine vertiefte psychosoziale Integration erzielt werden konnte.

7.10. Psychosoziale Beeinträchtigung im Essener Traumainventar (ETI-KJ) (Hypothese 3)

Die psychosoziale Beeinträchtigung im ETI-KJ umfasste die Items Schule, Hausaufgaben, Hobbys und Freizeitaktivitäten, Beziehung zu Freunden, Mitschülern und Familienmitgliedern und sexuelle Auffälligkeiten. Sie wurde auf einer 4- stufigen Skala von 0 (gar keine) bis 3 (starke) Beeinträchtigung gemessen. Die Werte in der Narrativ- und Kontrollgruppe sahen wie folgt aus:

Tab.7: Psychosoziale Beeinträchtigung im ETI-KJ

	1.MZ MW	SD	T	df	P	2.MZ MW	SD	T	df	P	3.MZ MW	SD	T	df	P
Schule															
NG	2.56	.85	-.28	35	.777	1.5	.70	-6.2	28.67	.000	1.06	.74	-7.0	30	.000
KG	2.63	.76				2.74	.45				2.67	.48			
Hausauf.															
NG	1.78	1.14	-.17	35	.862	.78	.94	-3.8	35	.000	.76	.66	-5.1	30	.000
KG	1.84	1.11				1.95	.91				2.13	.83			
Hobbys															
NG	.94	1.3	-.26	35	.796	.50	.98	-1.8	34.21	.078	.18	.52	-3.4	17.72	.003
KG	1.05	1.22				1.16	1.21				1.47	1.35			
Freunde															
NG	1.89	1.23	-.84	35	.404	.44	.61	-5.1	27.77	.000	.29	.47	-4.6	17.49	.000
KG	2.21	1.08				2.0	1.15				1.87	1.24			
Familie															
NG	1.44	1.24	-2.0	35	.045	.94	.72	-4.2	30.62	.000	.76	.83	-3.7	23.69	.001
KG	2.26	1.14				2.26	1.14				2.2	1.26			
Sexualität															
NG	.41	.93	-1.4	33.27	.148	.24	.66	-1.8	28.47	.070	-	-	-2.4	14	.028
KG	.95	1.22				.84	1.21				.73	1.16			

Tab.6 & 7: NG=Narrativgruppe, KG=Kontrollgruppe; 1.MZ, 2.MZ, 3.MZ: 1.-3. Messzeitpunkt; Konzentrat.=Konzentration; Soz.Aktiv.=soziale Aktivitäten; Hausaufg.=Hausaufgaben; MW=Mittelwert; SD=Standardabweichung; T=T-Wert; df=Freiheitsgrade; P=Signifikanz.

Insgesamt lässt sich beobachten, dass über die drei Messzeitpunkt in der Kontrollgruppe nur minimale Schwankungen bezüglich der Mittelwerte der verschiedenen Items auftraten, während in der Narrativgruppe eine rückläufige Tendenz der Auffälligkeiten in psychosozialen Kontexten beobachtet werden konnte.

7.11. Verlauf der Werte im Depressionsinventar für Kinder (DIKJ)
(Hypothese 4)
Bei der Ermittlung der *depressiven Entwicklung(DIKJ)* wurde deutlich, dass die Mittelwerte vom 1. Messzeitpunkt in der *Narrativgruppe* mit einem MW= 20.9 (SD= 6.31), bei der 2. Messung auf MW= 8.4 (SD= 6.89) und bei der 3. Messung auf MW= 6.9 (SD= 4.85), (F= 24.89, df= 2, p=≤ .000) ebenfalls durchgängig sanken. In der *Kontrollgruppe* kam es nur zu geringfügigen Veränderungen. Beim 1. Messzeitpunkt lag der Mittelwert bei MW= 21.2 (SD= 10.46), beim 2. bei MW= 22.3 (SD= 9.09) und beim 3. Messzeitpunkt bei MW= 20.8 (SD= 10.22), (F= .43, df= 2, p= .657).

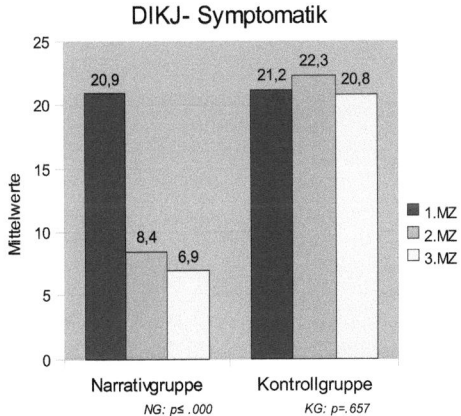

Abb.13: DIKJ- Symptomatik über die 3 Messzeitpunkte

69

7.12. Verlauf der Werte im Angstfragebogen für Schüler (AFS) (Hypothese 4)

Die Mittelwertsausprägungen bezüglich der *Ausprägung der manifesten Angst(AFS)* lagen in der *Narrativgruppe* beim 1. Messzeitpunkt bei MW= 7.9 (SD= 4.04), beim 2. Messzeitpunkt bei MW= 3.2 (SD= 2.12) und beim 3. Messzeitpunkt bei MW= 2 (SD= 2), (F= 19.83, df= 2, p= ≤ .000). In der *Kontrollgruppe* lagen die Werte beim 1. Messzeitpunkt bei MW= 7.7 (SD= 4.15), beim 2. Messzeitpunkt bei MW= 8.3 (SD= 4.55) und beim 3. Messzeitpunkt bei MW= 7 (SD= 3.50), (F= 1.23, df= 2, p=. 325).

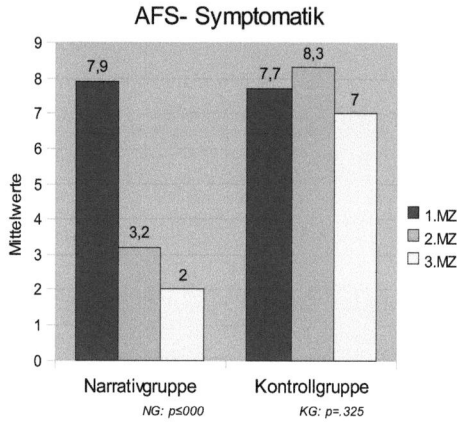

Abb.14: AFS- Symptomatik über die 3 Messzeitpunkte

Zusammenfassend lässt sich feststellen, dass sich zwar in beiden Gruppen bis zum 3. Messzeitpunkt ein Rückgang der ängstlichen, depressiven und PTSD- Symptomatik entwickelte, jedoch in der Narrativgruppe manifestierte sich ein signifikanter Reduktion von Depression, Angst und posttraumatischer Symptome.

7. 13. Werte in der nicht-klinischen Stichprobe

Im Folgenden werden die Ergebnisse der 6 Kinder (4 ambulante, 2 teilstationäre Behandlungen), die nicht in einem klinischen Setting behandelt wurden, aufgezeigt. Diese Einzelbetrachtung der nicht-klinischen Gruppe ist auch vor dem Hintergrund des weiter unten folgenden Kapitels 8, Abschnitt 8.4. mit der Überschrift *Effekte des stationären Settings* zu sehen. Dort wird diskutiert, inwieweit die insgesamt sehr positiven Ergebnisse der Interventionsstudie tatsächlich auf die generelle Wirksamkeit von Narrativen zurück zu führen sind oder ob sie gegebenenfalls (zumindest teilweise) der Wirksamkeit des stationären Settings geschuldet sein könnten, in dem sich die Mehrheit der Gesamtgruppe befand.

Tabelle 8 zeigt die Ergebnisse dieser nicht-klinischen Gruppe (N=6) auf. Auch bei ihr wird eine signifikante Reduktion im DIKJ, CROPS, PROPS, AFS und in der PTSD sichtbar.

Tab.8: Verlauf der Werte im DIKJ, AFS, CROPS, PROPS, PTSD der kleinen Stichprobe

	1.MZ					2.MZ		3.MZ	
	MW	SD	F	df	P	MW	SD	MW	SD
DIKJ									
NG	19.8	3.49	20.59	2	.018	13.6	7.73	7.2	3.27
CROPS									
NG	23.2	4.96	10.36	2	.045	12.8	4.49	7.4	4.33
PROPS									
NG	36.2	8.64	17.41	2	.022	16.2	6.79	9.0	4.79
AFS									
NG	8.4	5.2	5.11	2	.108	4.2	2.4	1.8	2.4
PTSD									
NG	23.2	.95	38.28	2	.025	12.5	4.1	6.75	2.2

D. DISKUSSION UND SCHLUSSFOLGERUNGEN

8. Diskussion

Im Folgenden werden zunächst noch einmal die wichtigsten Ergebnisse der Interventionsstudie zusammenfassend dargestellt und mit Hilfe verschiedener empirischer Studien in einigen Aspekten vertieft. Anschließend wird vor dem Hintergrund der erzielten Ergebnisse über die Inhalte weiterführender Forschung und zukünftiger Behandlungsstrategien bei schwer traumatisierten Kindern diskutiert.

8.1. Reduktion posttraumatischer Symptome durch die traumafokussierte Behandlung mit Narrativen

Zu Hypothese 1: Die Behandlung mit Narrativen, die unter Bezugnahme ressourcenaktivierender Elemente das traumatische Erleben fokussieren, führt nicht nur zu einer messbaren signifikanten Reduktion posttraumatischer Symptome, sondern auch zu einer Abnahme der subjektiv empfundenen posttraumatischen Belastungsreaktion.

Hypothese 1 kann bestätigt werden. Die Ergebnisse belegen eine signifikante Reduktion der posttraumatischen Symptomatik in der Behandlungsgruppe im Vergleich zur Kontrollgruppe im ETI-KJ, im CROPS, im PROPS und in der Beschreibung der SUD-Werte.

Es stellt sich in diesem Zusammenhang die Frage nach den Wirkfaktoren, die mit dem Therapieerfolg der vorliegenden Interventionsstudie in Zusammenhang gebracht werden.

Es wird vermutet, dass folgende Wirkfaktoren zur Bestätigung der Hypothese 1 beigetragen haben:

1. Die Aktualisierung der allgemeinen und dynamischen Ressourcen,

2. die Versprachlichung und Kontextualisierung der fragmentierten traumatischen Erlebnisse sowie

3. die Einführung von Distanzierungselementen als Schutz gegen Dissoziationen und Flashback- Erleben

8.1.1. Ressourcenaktivierung

Das Prinzip der Ressourcenaktivierung wird im Folgenden in vier Schritten beleuchtet:

- Zunächst werden Inhalte der Ressourcenorientierung als integraler Bestandteil der Therapie mit Narrativen erläutert.
- Auf der Ebene einer allgemeineren Betrachtungsweise wird die Reflektion weiter geführt und zwar sowohl anhand von zwei Studien über das Zusammenwirken von

Risiko- und Schutzfaktoren als auch mit Hilfe einer Metaanalyse von Brewin et al. (2000).

- Daran anschließend wird kurz auf die Bindungsstheorie Bezug genommen, die weitere Schutzfaktoren in der Bewältigung von schwierigen Erfahrungen benennt.
- Analog zur Studie von Brewin et al. (2000) wird die Studie von Frühe et al. (2008) vorgestellt, der auf die Risiko- und Schutzfaktoren im Kinderbereich eingeht.
- Eine anschauliche Grafik von Tagay et al. (2011b) fasst mögliche adaptive und salutogenetische Entwicklungswege nach einem Trauma zusammen.

Die Darstellung der Studien und der Grafik hat zum Ziel, wesentliche Aussagen auf die vorliegende Arbeit zu übertragen.

Die Literatur beschäftigt sich seit vielen Jahren mit der Ressourcenaktivierung als ein wichtiger Baustein in der psychotherapeutischen Behandlung von psychischen Störungen. Grawe & Grawe-Gerber (1999) benennt die Ressourcenaktivierung als einen wesentlichen Bestandteil für einen gelungenen Therapieprozess. Hensel (2007) postuliert einen *„ressourcenorientierten Wahrnehmungs- Denk- und Handlungsstil im therapeutischen Kontakt"* (ebd., S. 30). Rost (2008) beschreibt die Bewältigung traumatisierender Ereignisse mit einer Vernetzung von *„vorher isolierten Trauma- und Ressourcennetzwerke(n)"*, was in einer Lösungsorientierung *„schwieriger Probleme"* mündet (ebd., S. 11). Ressourcennetzwerke könnten als neuronale Speicherung von Erlebnissen angesehen werden und *„einfache Befriedigung eines Bedürfnisses (...), aber auch komplexe Bewältigungen einer potentiell traumatisierenden Situation"* darstellen (ebd., S. 11). Traumanetzwerke sind *„mit einem hohen Maß an Anspannung und neuronaler Erregung gespeichert"*. Betroffene erleben durch das Trauma subjektiv *„ein Gefühl des Verlusts der Kontrolle, Hilflosigkeit und der Handlungsunfähigkeit"*. Rost (2008) plädiert für eine Verbindung von Trauma- und Ressourcennetzwerken bei der Traumakonfrontation, um Sicherheit und Kontrolle zu erlangen und das Trauma zu bewältigen.

Die vorliegenden Ergebnisse der Interventionsstudie weisen auf die Ressourcenaktivierung und Stimulierung als einen wichtigen Wirkfaktor in der Effektivität der Behandlung von Kindern mit PTBS mit Narrativen hin. Bei der Ressourcenorientierung handelte es sich zunächst um die Hinzunahme dynamischer Ressourcen und die Betonung der Stärken des Kindes im Sinne positiver selbstwertsteigernder Erfahrungen. Diese wurden individuell, sozusagen maßgeschneidert, in die Geschichte eingewoben und förderten so die Verarbeitung des traumatischen Erlebens. Neben der Entfaltung der individuellen Ressourcen und Stärken des Kindes wurden bei der Traumakonfrontation auch positive kognitive Selbstüberzeugungen sowie neue hilfreiche Verhaltensstrategien genannt und etabliert (z.B. Hilfe suchen, „Nein" sagen). Narrative knüpfen somit auf verschiedenen Ressourcenebenen an: Sowohl auf der *allgemeineren* Ebene der Erfahrung positiver Erlebnisse, angemessener Beziehungen und positiver kognitiver Selbstüberzeugungen als auch auf der sehr *spezifischen* Ebene von Lösungsorientierung bei konkreten Problemlagen wie z.B. hilfreiche zukünftige Verhaltensweisen. Durch die Aktualisierung dieser neuen oder zumindest bisher nicht (ausreichend) erlebten Ressourcenzuständen konnte die PTSD- Symptomatik und die empfundene subjektive Belastung (SUD-Wert) wirkungsvoll reduziert werden. In diesem Kontext lässt sich sogar von einem psychischen Wachsen der Kinder an den schwierigen Erfahrungen ("traumatic growth") sprechen (Rost, 2008).

Abschließend sei noch auf einer allgemeineren Betrachtungsebene auf die Wichtigkeit der Stärkung von sozialen und personalen Ressourcen hingewiesen, die maßgeblich beeinflussen, ob sich die Ausbildung von psychischen Störungen wirkungsvoll verhindern lassen. In diesem Kontext sind zwei Studien zu nennen, die die Ergebnisse aus dem Kinder- und Jugendgesundheitssurvey (KiGGS) von 2007 zur psychischen Gesundheit beschreiben (Ravens-Sieberer, et al., 2007 & Erhart et al., 2007). Nach der Darstellung dieser beiden Studien wird versucht, einige Erkenntnisse der Studie auf die vorliegende Interventionsstudie zu übertragen, um die Ergebnisse noch breiter analysieren zu können.

Inhalt beider Studien ist die Wechselbeziehung zwischen Risikofaktoren und Schutzfaktoren, die die psychosoziale Integration und das psychische Wohlergehen maßgeblich bestimmen. Die zwei Studien appellieren eindringlich an soziale und therapeutische Berufsgruppen, die Stärkung von Ressourcen und Schutzfaktoren zum Ziel von Prävention und therapeutischer Behandlung zu machen, um psychische Erkrankungen zu verhindern (Ravens- Sieberer, et al., 2007 & Erhart et al., 2007). Beide Studien betonen und verfolgen damit einen salutogenetischen Ansatz, der nicht nur die Risikofaktoren betrachtet, sondern auch die Bedingungen und Faktoren, die die Gesundheit schützen und erhalten (Ravens-Sieberer, et al., 2007 & Erhart et al., 2007).

In der *BELLA*- Studie, dem Modul psychische Gesundheit des deutschen Kinder- und Jugendgesundheitssurveys (KiGGS) von 2007, wurde eine repräsentative Stichprobe von 2863 Familien mit Kindern im Alter von 7-17 Jahren vertiefend zur psychischen Gesundheit (Ravens-Sieberer et al., 2007) befragt. 21.9% aller Kinder und Jugendlichen zeigten Hinweise auf psychische Auffälligkeiten mit einer leicht höheren Auftretenshäufigkeit bei Jungen als bei Mädchen und mit einem leichten Anstieg der Auftretenshäufigkeit mit dem Alter (ebd., S. 874). Kinder aus Familien mit niedrigem sozioökonomischen Statuts waren deutlich häufiger von psychischen Auffälligkeiten betroffen.

Als spezifische psychische Auffälligkeiten traten auf: Ängste bei 10.0%, Störungen des Sozialverhalten bei 7.6%, Depressionen bei 5.4 %. Unter den untersuchten Risikofaktoren erwiesen sich vor allem ein ungünstiges Familienklima (familiäre partnerschaftliche Konflikte, beeinträchtigtes Wohlbefinden der Erziehenden während der eigenen Kindheit und Jugendzeit, psychische oder körperliche chronische Erkrankungen bei den Eltern, frühe Elternschaft, Arbeitslosigkeit, Alkoholkonsum der Eltern, fehlende soziale Unterstützung im ersten Lebensjahr des Kindes) sowie ein niedriger sozioökonomischer Status als schwerwiegend für die Ausprägung der psychischen Auffälligkeiten der Kinder. Bei kumuliertem Auftreten von Risikofaktoren stieg die Häufigkeit psychischer Auffälligkeiten stark an. Personale, familiäre und soziale Ressourcen waren bei psychisch unauffälligen Kindern und Jugendlichen wesentlich stärker ausgeprägt als bei psychisch auffälligen Kindern.

Der Kinder- und Jugendgesundheitssurvey (KiGGS) von 2007 beschäftigte sich ebenfalls mit den Risiken und Ressourcen bei der psychischen Entwicklung von Kindern und Jugendlichen (Erhart et al., 2007). Insgesamt 6691 Kinder und Jugendliche im Alter von 11–17 Jahren beantworteten Fragebögen zu drei verschiedenen Schutzfaktoren bzw. Ressourcenfeldern, dem personalen, sozialen und familiären.

Das erste Element der Studie war die Untersuchung der personalen Ressourcen in Bezug auf die Merkmale der Persönlichkeit der Kinder und Jugendlichen selbst, wie z. B. die „generelle Zuversicht, dass sich Dinge positiv entwickeln, unabhängig von vorausgegangenen Erfahrungen oder eigenen Anstrengungen" und die allgemeine Selbstwirksamkeitserwartung als „generelle Überzeugung, selbst über die notwendige Kompetenz zu verfügen, mit Anforderungen umgehen zu können" (ebd., S. 800).

Bei den familiären Ressourcen wurde das vorherrschende Familienklima, „d.h. der familiäre Zusammenhalt sowie das Erziehungsverhalten der Eltern" untersucht und bei den sozialen Ressourcen die von „Gleichaltrigen und Erwachsenen erfahrene oder verfügbare soziale Unterstützung" (ebd., S. 800). Ebenfalls wurde der sozioökonomische Status eingeschätzt und in niedrigem und mittlerem sowie hohen Status eingeteilt. Als soziodemographische Merkmale wurden das Alter (11–13, 14–17 Jahre) und das Geschlecht erfasst.

Die Ergebnisse der Studie zu den Zusammenhängen von Risiko- und Schutzfaktoren können folgendermaßen zusammengefasst werden: Kinder aus Familien mit einem niedrigen sozioökonomischen Status konnten insgesamt über weniger personale, soziale und familiäre Schutzfaktoren berichten als Kinder aus Familien mit einem höheren Status. Kinder aus Familien mit einem niedrigen sozioökonomischen Status waren mit einem Anteil von 12.7% einer defizitären sozialen Unterstützung ausgesetzt. Bei den beiden anderen Gruppierungen des

Sozialstatus der Familie lagen die Defizite bei 8.5% (mittlerer Status) und 7.6% (hoher Status) der untersuchten Kinder und Jugendlichen.

Mit sinkendem sozioökonomischen Status nahm auch der Anteil der Kinder und Jugendlichen zu, die über starke Defizite im *familiären* Zusammenhalt berichteten (9.1 % bei hohem sozialen Status, 11.9 % bei mittlerem Sozialstatus, 13.5 % bei niedrigem Status). Ebenfalls zeigten Familien mit einem niedrigen sozioökonomischen Status mit 13.8% stärkere Defizite in ihren *personalen* Ressourcen als Gleichaltrige aus Familien mit mittlerem (10.9%) oder hohem sozioökonomischen Status (8.2%).

Insgesamt wurde deutlich, dass Kinder aus einer belasteten Familien über geringe Schutzfaktoren in Bezug auf personale, soziale und familiäre Ressourcen verfügten. Die Studie kommt zum Schluss, dass insbesondere bei Kindern und Jugendlichen mit schwachen Schutzfaktoren bei *„gleichzeitigem Vorliegen von Belastungen von einem erhöhten Risiko für psychische Probleme"* ausgegangen werden muss (ebd., S. 803). Beiden hier beschriebenen Studien ist gemeinsam,

1. dass Kinder mit einem günstigen Familienklima tendenziell aus höheren sozioökonomischen Schichten stammen,

2. dass diese Kinder die meisten Schutzfaktoren in Hinsicht personaler, sozialer und familiärer Ressourcen in Anspruch nehmen können, und

3. dass die Auftretenswahrscheinlichkeit psychischer Störungen bei ihnen dadurch deutlich reduziert wird.

Im Folgenden soll versucht werden einige Ergebnisse der beschriebenen Studien, die sich auf die Zusammenhänge zwischen einem ungünstigen familiären Klima und der psychischen Auffälligkeiten der Kinder beziehen, auf die vorliegende Interventionsstudie zu übertragen.

Bei der Darstellung der Zusammensetzung der Stichprobe der vorliegenden Arbeit wurde deutlich, dass die meisten Kinder von Trennungserfahrungen betroffen waren: 21 Kinder von 37 Kinder der Gesamtstichprobe lebten nur bei einem Elternteil, 4 bei Pflege- oder Adoptiveltern, 7 in einem Heim und 1 Kind bei einem Verwandten. Nur 4 Kinder lebten bei beiden Elternteilen. Diejenigen Kinder, die bereits die Grundschule hinter sich gelassen hatten, besuchten entweder die Förderschule oder die Hauptschule, kein Kind besuchte ein Gymnasium. Bei den drei erstgenannten potentiell traumatischen Ereignissen der Traumaliste in der Gesamtstichprobe wurde Gewalt in der Familie 23 Mal, Vernachlässigung 18 Mal, sexueller Missbrauch in der Familie 10 Mal angegeben. Aus den Angaben der Länge der Traumata musste von schweren Krankheitsverläufen ausgegangen werden. Insgesamt wird an den Angaben bereits deutlich, dass die psychische Belastungen der meisten Kinder durch innerfamiliäre langjährige Gewalt ausgelöst wurden. Die Daten deuten daraufhin, dass bei der überwiegenden Mehrheit der Kinder

der Gesamtstichprobe von einem belasteten familiären System und einem ungünstigen Familienklima ausgegangen werden muss. Aufgrund der beschriebenen Forschungslage kann daher mit hoher Wahrscheinlichkeit davon ausgegangen werden, dass ein enger Zusammenhang besteht zwischen den belasteten familiären Systemen, den geringen innerfamiliären Schutzfaktoren und der Gesundheit bzw. der Entwicklung einer PTSD der Kinder. Inwieweit ein niedriger sozioökonomischer Status diese Entwicklung mitbeeinflusste bzw. das ungünstige Familienklima von einem niedrigen sozioökonomischen Status der Familie begleitet war, kann aufgrund der fehlenden empirischen Daten über die ökonomische Ausstattung der Familie nur vermutet werden.

In diesem Kontext wird jedoch auch darauf hingewiesen, dass weitere empirische Befunde vorliegen, die auf andere Risikofaktoren in der Entwicklung einer PTSD aufmerksam machen und dabei den niedrigen sozioökonomischen Status nicht als so schwerwiegend in der Entstehung einer PTSD bewerten. Diese Studien können aufgrund ihrer unterschiedlichen und methodischen Vorgehensweise nicht gut miteinander verglichen werden. Dennoch soll dadurch noch auf einen anderen Aspekt bei der Entstehung einer PTSD aufmerksam gemacht werden, der einige weiterführende Gedanken in der Analyse der vorliegende Interventionsstudie ermöglicht.

An dieser Stelle ist die große Metaanalyse von Brewin et al. (2000) für den Erwachsenenbereich zu nennen, die die Ergebnisse von 77 unabhängig voneinander durchgeführten Studien zusammenfasste, um die wesentlichen Risikofaktoren in der Entstehung einer PTSD darzustellen. Des Aufgrund der Heterogenität der unterschiedlichen Stichproben (... *"combat veterans, assault and rape victims, victims of motor vehicle and other types of accidents, victims of natural disasters, and people suffering from life-threatening medical conditions"* ebd., S. 749), unterschiedlicher Klassifikationsschemata und verschiedener Größen der Stichproben warnen Brewin et al. (2000) jedoch davor....*"to build an general vulnerablity model for all cases of PTSD at this time "* (ebd., S. 756).

Den Versuch eines Ordnungssystems nehmen Maercker & Rosner (2006) vor, indem sie in diesem Kontext Faktoren unterscheiden, die *„prätraumatisch (vor dem Trauma), peritraumatisch (während des Traumas) und posttraumatisch (nach dem Trauma)"* auf die Betroffenen einwirken (ebd. S. 11).

Die ersten sieben Säulen von links nach rechts der unten gezeigten Abbildung geben die prätraumatischen Faktoren wieder. Dabei fällt auf, dass als die größten Risikofaktoren eine belastete Kindheit und ein geringer Intelligenzquotient gelten. Ein geringer Intelligenzquotient wirkt sich negativ auf die Inanspruchnahme von Ressourcen und Bewältigungsstrategien aus, was die Verarbeitung traumatischer Ereignisse erschwert. Des Weiterem erhöht eine belastete

Kindheit die psychische Vulnerabilität, bei einem weiteren traumatischen Ereignis psychisch zu dekompensieren und eine PTSD auszubilden (Maercker & Rosner, 2006).

Die achte bis zehnte Säule, die *Traumaschwere*, die *mangelnde soziale Unterstützung* und die *schwierigen Lebensumstände* nach dem Trauma stellen die schwerwiegendsten Faktoren dar, die für die Ausbildung einer PTSD nach einem traumatischen Geschehen verantwortlich zu machen sind: „....*factors operating during of after the trauma, such as trauma severity, lack of social support, and additional life stress, had somewhat stronger effects than pretrauma factors*" (Brewin et al., 2000, S. 748). Die Schwere des Traumas bestimmt demnach nicht allein, ob und inwieweit sich Betroffene von einem traumatischen Ereignis erholen, sondern eine fehlende soziale Unterstützung und schwierige posttraumatische Lebensbedingungen beeinflussen maßgeblich den Erholungsprozess nach einem psychischen Ereignis.

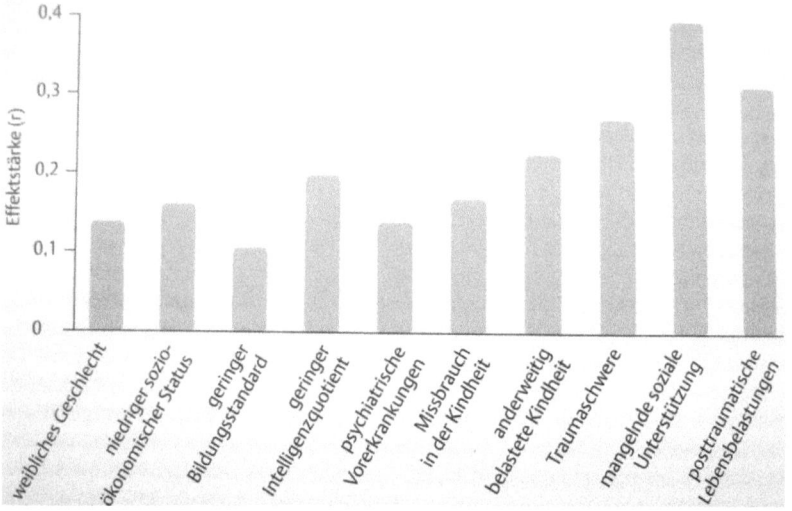

Abb.15: Risikofaktoren für eine PTSD nach Brewin et al. (2000)

Auch belegen Befunde aus der *Bindungstheorie*, dass die soziale Unterstützung nach einem Trauma ein wichtiger Schutzfaktor gegen eine psychische Erkrankung darstellt. Als Schutzfaktoren gelten hier bei Kindern eine emotionale stabile Beziehung zu mindestens einem Elternteil sowie eine soziale Unterstützung außerhalb der Familie, die eine Integration eigener schwierige Bindungserfahrungen ermöglicht (Schleiffer, 2009, S. 50). Eine derartige Integration kann geschehen, wenn Interesse, Empathie und tatkräftige Unterstützung angeboten wird. Im Bezug auf das spätere Leben ist zu beobachten, dass die eigenen schwierigen Bindungserfahrungen verarbeitet und in die Lebensgeschichte integriert werden können, wenn entweder eine Partnerschaft oder Beziehungen zu Ersatzbezugspersonen außerhalb der Familie (z.B. zu Erziehern in Heimen, Nachbarn, Verwandten) die Möglichkeit eröffnen über die eigenen Erfahrungen und schmerzvollen Gefühle zu sprechen und auch tatkräftige soziale Unterstützung in Krisensituationen zu empfangen (Schleiffer, 2009).

Analog zur Studie von Brewin (2000) ist die Studie von Frühe et al. (2008) bei 48 Kindern und Jugendlichen im Alter von 12 und 17 Jahren zu nennen, die als bedeutsame Risiko- und Schutzfaktoren hinsichtlich der Entwicklung einer posttraumatischen Belastung die peritraumatische Angst, den Konfrontationsgrad sowie die akute Beeinträchtigung herausstellen (ebd., S. 219). Es handelte sich bei der Versuchsgruppe um 18 präadoleszente Hauptschüler (37.5%), die indirekt mit einem Mordfall in der Familie eines Mitschülers konfrontiert wurden, und 30 jugendliche Gymnasiasten (62.5%), denen ein Amoklauf durch einen Mitschüler angedroht wurde (ebd., S 220).

Die erhobenen Merkmale der untersuchten Risiko- und Schutzfaktoren wurden - ähnlich wie in der Studie von Brewin (2000) - in prätraumatische (Alter, Minoritätenstatus), in peritraumatische (Konfrontationsgrad, subjektives Erleben, Angst) und in posttraumatische Faktoren (ABS-Symptomschwere: Intrusion, Vermeidung, Hyperarousal; ABS Dissoziation, ABS Intrusion, ABS Vermeidung, ABS Hyperarousal, ABS Leiden & Beeinträchtigung, PTB Leiden & Beeinträchtigung, Schuldgefühle, Angst vor Retraumatisierung, familiäre psychische Belastung) eingeteilt (ebd., S. 221). Als Ergebnis wurde festgestellt, dass fünf Kinder und Jugendliche (10.4%) an einer PTSD litten, die alle zur Gruppe der Hauptschüler gehörten. Die Schwere der posttraumatischen Belastung war vom Konfrontationsgrad, der retrospektiv erinnerten Angst sowie von ABS Leiden und Beeinträchtigung abhängig (ebd., S. 222).

Es folgt eine Grafik von Tagay et al. (2011b), der zusammenfassend salutogenetische und psychopathologische Entwicklungswege nach einem Trauma beschreibt. Danach sollen einige wichtige Erkenntnisse auf die vorliegende Arbeit übertragen werden.

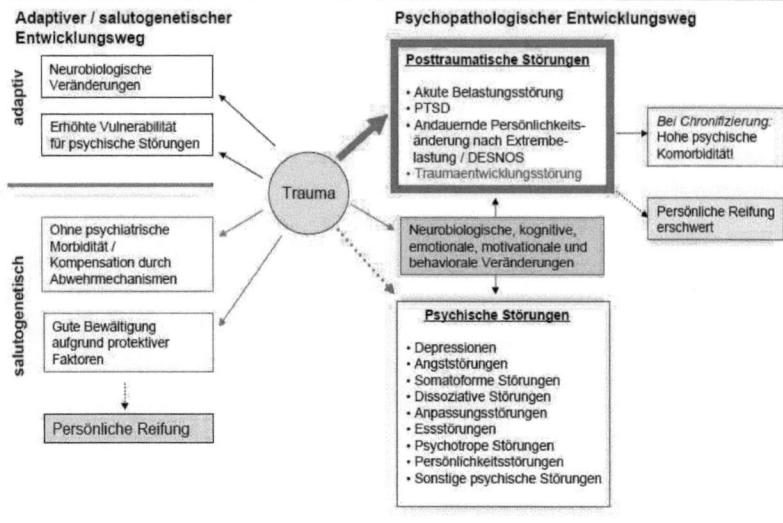

Spektrum möglicher adaptiver / salutogenetischer und psychopathologischer Entwicklungswege nach einem Trauma

Abb.16: Mögliche Entwicklungswege nach einem Trauma

An dieser Grafik lassen sich ergänzend die unterschiedlichen Entwicklungswege nach einem Trauma darstellen (Tagay et al., 2011b): Nicht jeder Mensch, der ein Trauma erlebt, entwickelt eine PTSD oder eine andere psychische Störung. Die Entwicklungswege nach einem Trauma werden maßgeblich von der Ressourcenausstattung und der Unterstützung der sozialen Umgebung bestimmt. Liegen derartige Faktoren nicht vor, entwickeln sich hohe psychische Komorbiditäten und weitere psychische Störungen mit neurobiologischen, kognitiven Veränderungen und pathologischen Verhaltensmanifestationen. Die Grafik steht im Einklang mit den oben behandelten zwei Studien von KiGSS, der Metaanalyse von Brewin et al. (2000) sowie der Studie von Frühe et al. (2008), die alle auf die Wichtigkeit und Relevanz der Förderung und Etablierung von Ressourcen hinweisen.

Für die vorliegende Interventionsstudie könnte dies bedeuten, dass die betroffenen Kinder der Stichprobe nach dem traumatischen Geschehen nicht die soziale Unterstützung durch ihre soziale Umwelt erhielten und möglichen weiteren Belastungen wie z.B. innerfamiliären Konflikten ausgesetzt waren, die einen Erholungsprozess nach dem Trauma erschwerten und in die Entwicklung von posttraumatischen Stresssymptomen mündeten.

Zusammenfassend kann festgestellt werden, dass die hier angewandte Behandlungsmethode bei Kindern mit PTSD mit Hilfe von Narrativen die Aktivierung von allgemeinen und spezifischen

Ressourcen als Wirkprinzip bestätigt und in der psychotherapeutischen Behandlung erfolgreich eingesetzt hat. Darüber hinaus muss die Stärkung von sozialen und personalen Ressourcen dagegen Ziel von Prävention, um bereits im Vorfeld das Auftreten psychische Erkrankungen zu verhindern (Bender & Lösel, 2005, S. 100).

Im Folgenden soll nun auf zwei weitere Wirkfaktoren der vorgelegten Interventionsstudie eingegangen werden, die als stabilisierendes Prinzip dienen. Es handelt sich dabei zum einen um die Kontextualisierung und Versprachlichung des Erlebten und zum anderen um das Prinzip der Distanzierung während der Traumakonfrontation.

8.1.2. Kontextualisierung und Versprachlichung

Die Kontextualisierung und Versprachlichung des fragmentierten Erlebens in Raum und Zeit wird als ein wesentlicher Bestandteil des Therapieerfolgs vermutet.

Durch die Traumakonfrontation mit Hilfe von Narrativen und die prozessorientierte Stimulierung individueller und allgemeiner Ressourcen konnte die sensorische Fragmentierung von Sinneseindrücken, Körperempfindungen und -reaktionen, bildhaften Aspekten, negativen Gedanken, Überzeugungen und Emotionen aufgehoben werden. Gehirnphysiologisch stellt sich dies so dar, dass eine Verknüpfung der Wahrnehmung des traumatischen Geschehens mit der räumlich-zeitlichen Einordnung im Hippocampus und mit der ordnenden Fähigkeiten der Frontalhirnfunktionen stattfindet, die die traumatogenen Erfahrungen zu einem zusammenhängenden Erlebnis zusammenfügen (Hüther et al., 2010). Auf der klinischen Ebene wurde beobachtet, dass assoziierte schmerzhafte Affekte, sensorische Fragmente und abgespaltener Körperempfindungen durch die Versprachlichung und Kontextualisierung integriert werden konnten. Es kam zu einer Neubewertung des Erlebten („der kleine Hund schaffte es jetzt, weg zu laufen und sich Hilfe zu holen") und Einordnung auf der Ebene der Kognitionen („der kleine Hund spürte ganz viel Stolz in seinem Herzen, weil er schon soviel geschafft hatte") und der affektiven Repräsentanzen und auf der Ebene der Körperempfindungen („der kleine Hund spürte die Angst in seinem ganzen Körper"). Dabei wurden die traumatisch fragmentierten Erlebnisinhalte im Verhalten, im Affekt und im Körpererleben sortiert und - im Sinne von neuen subjektiven Bedeutungskonstruktionen – neu bewertet. Im Rahmen der Aktualisierung und Etablierung der Ressourcen des Kindes konnte eine Veränderung der Körper-, Kognitions-, Emotions- und Verhaltensmuster eingeleitet werden (Hüther et al., 2010). Dabei begegnete das Kind auf all diesen Ebenen der traumatisierenden alten Situation noch einmal, dieses Mal jedoch in der Zuhörerposition und aus einem sicheren Hier- und Jetzt im stationären oder ambulanten Kontext und vor dem Hintergrund einer tragfähigen therapeutischen Beziehung. Durch die Narrative wurde eine nachträgliche Verarbeitung und Integration des traumatischen Geschehens in das Bewusstsein und in die kindliche Lebensgeschichte bzw. Identität ermöglicht, was sich empirisch in einer signifikanten Reduktion der posttraumatischen Symptome manifestierte.

8.1.3. Distanzierungselemente als Komponenten der Stabilisierung

Im Folgenden sollen verschiedene Distanzierungselemente, die den Therapie erfolgreich beeinflusst haben könnten, vertiefend dargestellt werden:

- Verfremdungseffekte wie die indirekte Anrede, Tiere als Hauptprotagonisten
- Vorlesen einer Geschichte und das Zuhören in der Beobachterposition

Das Einweben distanzierender Elemente, wie die indirekte Anrede der Person oder die Verwendung von Tieren als Hauptprotagonisten stellten wichtige Voraussetzungen dar, mit Hilfe deren ein gut verträglicher Verarbeitungsprozess des Traumas erzielt werden konnte. In der Literatur werden Distanzierungs- und Stabilisierungselemente als wichtige Wirkfaktoren in der Traumatherapie anerkannt wie z.B. die „Bildschirmtechnik", die eine Distanzierung vom traumatischem Material ermöglicht (Reddemann, 2001, S. 107/108).

Durch die indirekte Anrede der Person („es war einmal ein kleiner Junge/ ein kleines Mädchen) oder die Wahl von Tieren als Hauptprotagonisten wird eine Distanz zum traumatischen Geschehen hergestellt, was das Kind emotional entlastet, so dass die alten abgespaltenen negativen Affekte, die durch die Traumakonfrontation aktualisiert werden, ausgehalten und reguliert werden können.

Darüber hinaus wird durch die darstellende Erzählung der Ereignisse der Lieblingstiere Interesse und Neugier ausgelöst, was sich auf emotionale Blockaden und Unsicherheiten positiv auswirkt. Des Weiteren wird durch die kindgerechte Erzählweise eine Identifikation mit der Hauptfigur ermöglicht, so dass die erzählte Geschichte auf die persönliche Lebensgeschichte übertragen werden kann. Durch die Darstellung der Gefühle, Verhaltensstrategien, Gedanken und Körperempfindungen der Hauptfigur, werden die eigene Lebensgeschichte und die negativen Gefühle von Ohnmacht, Angst und Hilflosigkeit lebendig. Im Unterschied zu früher befindet sich das Kind jetzt jedoch in Sicherheit und wird von wichtigen Bezugspersonen, die den Therapieprozess unterstützen sowie den TherapeutInnen empathisch begleitet.

Die emotionalen Reaktionen der Kinder nach dem Vorlesen der Geschichte waren von unterschiedlicher Ausprägung und Intensität. Bei dem Vorlesen der Ressourcenteile im Narrativ zeigten alle Kinder Anzeichen von Entspannung in der Mimik und Gestik und oft auch Zustimmung bei der Benennung der Ressource („das kann ich auch, Trampolinspringen, wie der kleine Hund"). Während der Traumakonfrontation wurden Gefühle von Traurigkeit, Wut und aber auch Zeichen der Anspannung (angespannter Gesichtsausdruck, Meiden von Blickkontakt) in unterschiedlichem Ausmaß erkennbar. Durch die permanente Aktualisierung von Ressourcen konnten dissoziative Reaktionen oder eine Verweigerung der Weiterführung der Behandlung wirkungsvoll verhindert werden. Direkt nach dem Vorlesen der Geschichte spielten die TherapeutInnen mit den Kindern, um ggf. noch bestehenden negativen Affekten eine motorische Abfuhr zu ermöglichen.

8.2. Verbesserte psychosoziale Integration und angehobenes psychisches Funktionsniveau

Hypothese 2:

Es besteht ein unmittelbarer Zusammenhang zwischen der erfolgreichen Reduktion posttraumatischer Symptome und der Abnahme aggressiver Impulsdurchbrüche und der Notwendigkeit von Kriseninterventionen, der angehobenen Regel- und Grenzakzeptanz, der vertieften sozialen Integration, der erhöhten emotionalen Ansprechbarkeit, der verbesserten Kommunikationsfähigkeit hinsichtlich eigener Gefühle und aktueller Befindlichkeiten, der angehobenen Konzentrations- und Aufmerksamkeitsspanne, der Zunahme sozialer Aktivitäten und der verbesserten Leistungsfähigkeit. Derartige Effekte treten für die Kontrollgruppe, die ohne Zusatzbehandlung mit Narrativen behandelt wurden, nicht auf.

Hypothese 3.:

Die Behandlung mit Narrativen wirkt sich signifikant positiv auf die psychosoziale Integration aus. Dies betrifft die Bereiche Schule, Freundschaft, Hausaufgaben, Sexualität sowie Beziehungen zu Freunden und Familienmitgliedern. In der Kontrollgruppe ohne Zusatzbehandlung mit Narrativen ist dagegen keine signifikant verbesserte psychosoziale Integration festzustellen.

Hypothese 2 & 3 konnten bestätigt werden. Die Befunde belegen eindeutig einen Zusammenhang zwischen der Reduktion der Stresssymptome im Behandlungsverlauf und einer verbesserten psychosozialen Integration sowie einem verstärkten Zugang zu eigenen Emotionen und einer verbesserten emotionalen Ansprechbarkeit.

Um die allgemeine Relevanz dieses Ergebnisses zu verdeutlichen, wird kurz auf den Zusammenhang zwischen Traumatisierung und mangelnder psychosozialer Integration sowie auf die gesellschaftlichen Folgekosten hingewiesen (Schmid & Goldbeck, 2010).

Durch schwere Traumatisierungen zeigen Kinder und Jugendliche als externalisierende Störungsanteile aggressive Verhaltensauffälligkeiten und Kontakt- und Beziehungsschwierigkeiten. Als internalisierende Verhaltensmanifestationen weisen sie depressives Verhalten mit einer gedrückten Stimmungslage und Rückzugstendenzen auf. Beides erschwert die psychosoziale Integration in Schule und Gesellschaft oder führt, bei starker sequentieller und interpersoneller Traumatisierung mit starken und gemischten Störungsbildern, sogar zur gänzlichen Unfähigkeit, sich in bestehende schulische und gesellschaftliche Strukturen (z.B. Ausbildung und Arbeit) zu integrieren. So entstehen nicht nur auf der persönlichen Ebene starke negative Folgewirkungen, sondern auch hohe gesamtgesellschaftliche Kosten (Schmid, 2007, S. 139). Daher weist Schmid (2007) auf die Notwendigkeit hin, geeignete Therapieansätze zu entwickeln, die erfolgversprechend sind... „die große Zahl von extrem psychisch belasteten Kindern und Jugendlichen mit den höchsten psychosozialen Belastungsfaktoren ... (und mit R.H.) ... gemischten Störungsbildern...." zu behandeln (ebd., S. 139).

Zusammenfassend verdeutlicht die vorliegende Interventionsstudie, dass die in den Studien beschriebene psychosoziale Desintegration, die durch traumatische Erfahrungen ausgelöst wurde, mit Hilfe einer traumafokussierten Behandlung behoben werden konnte. Klinisch dominierte eine verbesserte Beziehungs- und Kontaktgestaltung, eine erhöhte Leistungsfähigkeit in der Schule und eine bessere emotionale Ansprechbarkeit durch eine höhere affektive und physiologische Regulation. Es bleibt festzuhalten, dass durch die traumafokussierte Behandlung eine psychosoziale Integration und zukünftige gesellschaftliche Teilhabe erzielt werden konnte, was nicht nur im Interesse des einzelnen Kindes oder Jugendlichen, sondern auch im Interesse der Gesellschaft als Solidargemeinschaft ist.

8.3.   Reduktion der depressiven und ängstlichen Symptomatik durch die traumafokussierte Behandlung mit Narrativen

Hypothese 4: Durch die Behandlung mit Narrativen wird eine rückläufige Entwicklung in der depressiven und ängstlichen Symptomatik erzielt. In der Kontrollgruppe ohne Zusatzbehandlung mit Narrativen kann kein signifikanter Rückgang von Angst und Depression festgestellt werden. **Hypothese 4 konnte bestätigt werden.**

Folgende Punkte sollen diesbezüglich näher betrachtet werden:

-   Zunächst wird auf Forschungsbefunde hingewiesen, die eindeutig einen Zusammenhang zwischen traumatischen Belastungen und komplexen relevanten psychischen Beeinträchtigungen, wie Angst und Depression, nach einem Trauma belegen.

-   Eine ängstliche und depressive Entwicklung als psychische Folgewirkungen nach einem Trauma können durch eine traumazentrierte Vorgehensweise wirkungsvoll behandelt werden. Dieser Zusammenhang zwischen dem Behandlungsprinzip „trauma- first" und der Reduktion von Angst und Depression soll im Folgenden erläutert werden.

Psychische Traumatisierungen werden als ein Risikofaktor für die meisten psychischen Störungen betrachtet (Maercker & Rosner, 2006). Die epidemiologischen Untersuchungsergebnisse der letzten Jahre belegen die schwerwiegende negative Auswirkung von Traumatisierungen im Kindes- und Jugendalter auf die weitere psychosoziale Entwicklung. Centers for Disease Control (CDC) in den USA hat durch die Einrichtung einer Abteilung für die Prävention von Gewalt und Kindesmisshandlung der *„gesundheitspolitischen Bedeutung"* früher Traumatisierung in Form von sexueller und körperlicher Gewalt Rechnung getragen und macht auf ein breites Spektrum körperlicher und emotionaler Auswirkungen von Kindesmisshandlung und Vernachlässigung aufmerksam (Goldbeck, 2010, S. 73). Centers for Disease Control and Prevention (CDC) sind eine Behörde der Vereinigten Statten mit Sitz in Druid Hills, Georgia nahe Atlanta. Sie sind dem Gesundheitsministerium der Vereinigten Staaten (United States Department of Health and Human Services) unterstellt (Wikipedia). CDC verweist auf den „World Report of Violence and Health" von 2002, der auf die Folgewirkungen von körperlicher und sexueller Gewalt in frühester Kindheit aufmerksam macht. In diesem Kontext wird auf den Zusammenhang zwischen früher Traumatisierung und Angst und Depression hingewiesen (Runyan et al., 2002, S. 69/70). Es gilt als unumstritten, dass aus Traumatisierungen Angststörungen und Depression als komorbide Störungsbilder resultieren können (Streeck-Fischer, 2007, S. 53). Für die Psychotraumatologie bedeutet dies, dass bei depressiven und ängstlichen Symptomen mit dem organisierenden Prinzip der belastenden traumatischen Erfahrungen des Kindes zu rechnen ist. Daraus folgt die Anwendung traumafokussierter Methoden, um Angststörungen und Depression als sekundäre psychische Störungen bzw. als komorbide Symptome therapeutisch behandeln zu können. Hensel (2007) spricht in diesem Kontext von einem Paradigmenwechsel in der Psychotherapie: weg von einer diagnoseorientierten hin zu einer traumafokussierten Betrachtungsweise. Denn der eindeutig belegte Zusammenhang zwischen früher Traumatisierung und psychischen Störungen bei Kindern erfordere ein traumafokussiertes Vorgehen und ein traumabasiertes Verstehensmodell. Eine diagnoseorientierte Betrachtungsweise dagegen, wie sie sich in den großen diagnostischen Manualen des ICD-10 und des DSM-IV ausdrückt, orientiere sich in der Behandlung an den vorliegenden Symptomen jedoch nicht hinlänglich an der darunter liegenden Genese der Störung, die durch eine schwerwiegende Traumatisierung verursacht wurde. Wissenschaftlich lässt sich mittlerweile belegen, dass das Prinzip „trauma first" zur Reduktion komorbider Störungen beiträgt (Reddemann, 2001).

Vor dem Hintergrund der Forschungslage wählte die vorliegende Interventionsstudie eine traumazentrierte therapeutische Herangehensweise. Die betroffenen Kinder, die unter ängstlichen und depressiven Symptomen als Folge von Traumatisierung litten, wurden trauma-fokussiert behandelt. Dieser Vorgehensweise lag die Annahme zugrunde, dass durch die traumafokussierte Behandlung des unverarbeiteten Traumas auch eine Verbesserung der Symptomatik der ängstlichen und depressiven Reaktionen erzielt werden kann. Vor diesem Hintergrund wurde davon ausgegangen, dass nach einer erfolgreichen Traumakonfrontation eine signifikante Abnahme von Depression und Angstsymptomen empirisch nachzuweisen sein wird.

Zusammenfassend zu den Hypothesen 1-3 lässt sich Folgendes festhalten:

- Die Elemente der Ressourcenaktivierung haben zur besseren Verträglichkeit der Traumakonfrontation beigetragen. Die Distanzierungsmöglichkeiten durch die indirekte Anrede und die Wahl von Tieren als Hauptprotagonisten und die Etablierung zukünftiger hilfreicher Verhaltensstrategien war vermutlich für den Behandlungserfolg ausschlaggebend nund reduzierte die ängstliche und depressive Entwicklung. Dies erweist sich darin, dass die Kontrollgruppe, die nicht mit Narrativen, sondern mit allgemeiner symptomorientierter oder rein stabilisierenden Ansätzen der Psychotherapie behandelt wurde, dagegen weit zurück blieb.

- Die Komponenten der Narrative in Form der Ressourcenetablierung und der beschriebenen Distanzierungselemente entsprach der kindlichen Betrachtungs- und Verstehensweise und löste Aufmerksamkeit und Interesse aus. Dies bewirkte eine innere Beteiligung und Identifikation mit der Geschichte und ermöglichte eine Verarbeitung fragmentierter

Erinnerung auf der Ebene des Körpers, der Emotionen und Kognitionen und führte zur Reduktion von Angst und Depression.

8.4. Effekte des stationären Settings

An dieser Stelle wird diskutiert, inwieweit das stationäre Setting das Ergebnis der Studie positiv beeinflusst haben könnte. Dies geschieht vor dem Hintergrund, dass die Mehrzahl der Behandlungsgruppe stationär und die Mehrzahl der Kontrollgruppe ambulant behandelt wurde. Es ist also die Frage zu erörtern, ob und inwieweit nicht nur die Narrative, sondern auch das multimodale Behandlungskonzept des stationären Settings mitverantwortlich ist für den deutlich stärkeren positiv-stabilisierenden Effekt bei der Behandlungsgruppe im Vergleich zur Kontrollgruppe. Auf der anderen Seite stehen ambulanten TherapeutInnen eine längere Zeit der therapeutischen Einflussnahme zur Verfügung als es die Behandlungsdauer im stationären Setting erlaubt, die eine Behandlungszeit von max. 12 Wochen kaum überschreitet.

In der Literatur wird ausschließlich auf die Effekte der stationären Therapie bei unterschiedlichen Krankheitsbildern fokussiert und nicht isoliert auf die Wirksamkeit des stationären Settings der Kinder- und Jugendpsychiatrie im Vergleich zum ambulanten Setting (Streeck-Fischer, 2010). Daher lässt sich empirisch kaum belegen, inwieweit der Einfluss des Therapieerfolges auf die inhaltlichen Rahmenbedingungen des stationären Settings zurückzuführen ist. Die Verfasserin geht von ihrer klinischen Erfahrung jedoch davon aus, dass der multimodale Behandlungsansatz einen positiven Einfluss auf den Therapieerfolg ausgeübt hat, die deutlichen Unterschiede des Therapieerfolgs zwischen Behandlungs- und Kontrollgruppe aber nicht hinlänglich erklären kann.

Tabelle 8 im Ergebnisteil (S. 67) unterstützte die Annahme der generellen Wirksamkeit von Narrativen unabhängig vom Setting, da von der kleinen Stichprobe, immerhin 1/3 der Kinder der Behandlungsgruppe, nämlich 4 ambulant und 2 teilstationär behandelt wurden. Diese 6 Kinder (N=6), die nicht stationär behandelt wurden, zeigten ebenfalls eine signifikante Reduktion im DIKJ, CROPS, PROPS, AFS und in der PTSD, die in ihrer Stärke nicht hinter der klaren Reduktion bei den Kindern im stationären Setting zurück blieb.

Insgesamt wird deutlich, dass die signifikante Reduktion der posttraumatischen, der depressiven und der ängstlichen Symptomatik nicht primär auf das stationäre Setting zurückgeführt werden kann. Damit wird die allgemeine Wirksamkeit des traumafokussierten Einsatzes von Narrativen in der Behandlung von Kindern mit posttraumatischer Belastungsstörung unterstrichen.

8.5. Wirkprinzipien von allgemeiner Psychotherapie und Traumatherapie

Anhand einer allgemeineren Betrachtungsweise folgt eine Annäherung an das Thema der psychotherapeutischen Behandlung von Kindern mit psychischen Störungen. Es werden dabei Studien vorgestellt, die die Wirksamkeit von allgemeiner Psychotherapie und die Effektivität der Traumatherapie bei Kindern und Jugendlichen näher beleuchten.

Zum Schluss soll versucht werden, einige Wirkprinzipien, die aus den Studien abgeleitet werden, auf die vorliegende Studie zu übertragen.

An dieser Stelle soll kurz auf die Wirksamkeitsforschung von allgemeiner Psychotherapie im Kinder- und Jugendalter im stationären und ambulanten Setting mit unterschiedlichen Störungsdiagnosen (Verhaltensstörungen, Angststörungen, Depressionen, Aufmerksamkeitsstörungen) eingegangen werden, um die Ergebnisse der vorliegenden Interventionsstudie in Bezug auf die erste Hypothese noch näher zu analysieren.

In der Übersichtsarbeit von Esser & Blank (2011) geht es um die Darstellung der Wirksamkeitsstudien von Psychotherapie im Kindes- und Jugendalter. In allen von ihnen berücksichtigten Studien konnte eine hohe Wirksamkeit der Psychotherapie im Kindes- und Jugendalter und die Stabilität der Therapieeffekte nachgewiesen werden. In einigen der Studien wurde zusätzlich die Einschätzung des Therapieerfolges aufgrund der einflussnehmenden Faktoren untersucht, wie den Einbezug der Familie, die Modalitäten der Therapie, des Krankheitsbildes und dem Schweregrad der Störung (ebd., S. 630ff.). Der Einbezug der Familie in das therapeutische Setting ergab einen größeren Behandlungseffekt im Vergleich zu therapeutischen Behandlungen ohne Einbezug der Familie (ebd., S. 634). Auch wies Einzeltherapie eine höhere Effektstärke auf als Gruppensitzungen (ebd., S. 634).

Einige der Einflussfaktoren der Wirksamkeitsstudie von Esser & Blank (2011) wurden auch in der vorliegenden Interventionsstudie berücksichtigt. In die Traumabehandlung mit Narrativen wurden diejenigen Bezugspersonen mit in die Behandlung eingezogen, die nicht mit dem traumatischem Geschehen assoziiert gewesen sind. Diese Bezugspersonen konnten dem Kind Sicherheit, Wärme und Geborgenheit vermitteln und den Therapieprozess positiv unterstützen. Darüber hinaus wurde ein Verständnisprozess für das innere Erleben des Kindes und der Dynamik des vergangenen traumatischen Geschehens hergestellt, der es den Bezugsperson ermöglichte, mehr Empathie und Akzeptanz für das Krankheitsbild ihres Kindes zu entwickeln. Darüber hinaus sind diese Bezugspersonen wichtige Informationsquellen für die detaillierte Erhebung der biografischen Anamnese des Kindes, der aktuellen Symptomatik, der somatischen Erkrankungen, der lebensgeschichtlichen Entwicklung des Kindes und der verstärkenden oder aufrechterhaltende Faktoren für die Symptomatik. Des Weiteren erhält der Therapeut durch eine wichtige Bezugsperson Informationen über personale und soziale Ressourcen des Kindes, die dann im Narrativ auftauchen und bei der Traumakonfrontation eine Affekttoleranz gegenüber intensiven negative Gefühle bewirken.

Hinsichtlich der Effektivität von Traumatherapie bei Kindern und Jugendlichen stellt Landolt (2010) fest, dass in den Studien zur Evidenzforschung eine große Heterogenität der untersuchten Verfahren besteht bezüglich *„methodischer Qualitäten, Art des untersuchten Traumas, Ausschlusskriterien bezüglich Komorbidität, Alter der Kinder und des Kontextes (naturalistisch vs. wissenschaftlich)"*(ebd., S. 79). Landolt unterscheidet unterschiedliche Evidenzstufen aufgrund des Studiendesigns und anderer methodischer Merkmale:

-   Die beste Evidenz liegt vor bei der traumazentrierten kognitiven behavioralen Therapie, gefolgt von EMDR und der Narrativen Expositionstherapie mit Kindern (KIDNET).
-   In den darunter liegenden Evidenzstufen finden sich u.a. familientherapeutische Verfahren (Saxe et al, 2007). Landolt (2010) weist aber in diesem Kontext daraufhin, dass die gefundenen Effekte altersabhängig sind und sich zudem nicht alle auf die Symptomatik einer PTBS beziehen.
-   Für die weiteren in Deutschland praktizierten tiefenpsychologischen Verfahren, die psychodynamisch imaginative Traumatherapie für Kinder und Jugendliche (PITT) von Krüger & Reddemann (2007) und hypnotherapeutischen Ansätze liegen noch keine Wirksamkeitsnachweise vor.

Landolt (2010) stellt einschränkend fest, dass verallgemeinernde Ergebnisse schwer zu erzielen sind, da beispielsweise die Wirksamkeit von KIDNET fast nur bei Flüchtlingskindern untersucht wurde. Des Weiteren ist z.B. die Effektivität von kognitiver behaviouraler Therapie (KBT) nur auf ein bestimmtes Trauma, das der sexuellen Gewalt, überprüft worden. Hinsichtlich des Wirkungsnachweises von EMDR liegen nur Studien über Kinder mit Typ 1 Traumata vor. Die Defizite der psychotraumatologischen Forschung bei Kindern werden folgendermaßen beschrieben:

-   ungenügende Befunde zur Behandlungen
    -   o   von Kindern im Vorschulalter,
    -   o   von Kindern mit Komplextrauma und /oder komborbiden Störungen,
    -   o   von Kindern mit Behinderungen und
    -   o   Kindern aus fremden Kulturen (ebd., S. 81).

Zusammenfassend lässt sich für die vorliegende Interventionsstudie feststellen, dass sie einen Beitrag dazu geleistet hat, die Behandlung von Kindern vom Typ II- Traumata erfolgreich durchzuführen und posttraumatische Symptome zu lindern. Die fragmentierten Erlebnisinhalte konnten auf der Ebene der Affekte, Kognitionen und Sinneseindrücke in die kindliche

Lebensgeschichte integriert werden mit der Folgewirkung einer verbesserten psychosozialen Integration.

8.6. Offene Fragen und Kritikpunkte

- Die vorliegende Arbeit hat sich mit dem Wirkungsnachweis von Narrativen in der Behandlung von Kindern mit PTSD beschäftigt. In der Behandlungsgruppe befanden sich 18 Kinder, in der Kontrollgruppe 19 Kinder. Es handelte sich um eine explorative Interventionsstudie mit einer sehr kleinen Fallzahl. Um Narrative als Standardverfahren im ambulanten und stationären Kontext bei der Behandlung von komplexen Traumatisierungen von Kindern zu etablieren, fehlen noch randomisiert-kontrollierte Studien, die die Wirksamkeit von Narrativen bei Kindern und Jugendlichen letztlich absichern können. Daher kann nur unter Vorbehalt dafür plädiert werden, Narrative in der Behandlung von komplexen Traumatisierungen von Kindern einzusetzen.

- Leider scheuen sich aufgrund des schweren Krankheitsbildes von Kindern mit multiplen Traumatisierungen viele TherapeutInnen, traumafokussiert zu behandeln und beschränken sich oft auf rein stabilisierende Ansätze. Dies hängt m.E. damit zusammen, dass sequentiell traumatisierte Kinder in der Behandlung mit traumatischen Material überflutet und alte Kopplungen von negativen Affekten, Körpersensationen und negativen Kognitionen rasch aktiviert werden. Klinisch fühlen sich diese Kinder hoch belastet und instabil, so dass sie oft die weiterführende Behandlung verweigern.

- Ähnlich ist dies mit der Therapie mit „reiner" EMDR. Auch sie ist nur bedingt für komplex traumatisierte Kinder indiziert, da durch die Aktualisierung und die Vertiefung der traumatischen Erinnerungen mit der Fokussierung des Ausgangsbildes und den negativen Kognitionen das Kind mit dem traumatischen Material ungefiltert konfrontiert wird, was erneut die Gefahr der Überflutung mit negativen Bildern mit sich bringt. Obgleich beim „reinen" EMDR zumindest eine Phase der Stabilisierung des Kindes vorgeschaltet wird, ist es als Behandlung für komplex traumatisierte Kinder m. E. oft zu belastend. Außerdem wird bei der Durchsicht der Studien über die Wirkungsweise von EMDR bei Kindern deutlich, dass sich die meisten Studien auf den Einsatz von EMDR bei Kindern beziehen, die „nur" monotraumatisiert sind.

- Vor diesem Hintergrund wird deutlich, dass die Fokussierung auf die allgemeinen und spezifischen Ressourcen des Kindes als unverzichtbarer Bestandteil in der Behandlung von komplex traumatisierten Kinder berücksichtigt werden muss. In der klinischen Arbeit wurde deutlich, dass je rigider die Abwehr und die Vermeidungstendenzen der Kinder desto gravierender das Krankheitsbild der PTSD und desto mehr Ressourcen mussten in den Geschichten eingewebt werden. Für den Teil der Traumakonfrontation bedeutete dies, dass Ressource und Trauma im Wechsel benannt werden mussten, um eine Überflutung mit traumatischem Material wirkungsvoll zu verhindern. Dieses Ausbalancieren von Traumakonfrontation und Ressource in den Narrativen kann im Gegensatz zur reinen EMDR Arbeit hier gut gesteuert und moderiert werden. Ein schrittweises und vorsichtiges Annähern an das traumatische Erleben ist möglich, so dass eine Integration in die Lebensgeschichte der Kinder stattfinden kann.

- Das Schreiben der biographischen Geschichten hat für die TherapeutInnen einen hohem zeitlichen Aufwand erfordert, der im therapeutischen „Regelgeschäft" in diesem Ausmaße nicht geleistet werden kann. Damit sich das Verfahren als Standardverfahren etablieren lässt, müssten „Standardgeschichten" entwickelt werden, die sich an den meist genannten traumatischen Ereignissen orientieren, wie Gewalt in der Familie, sexueller Missbrauch, Tod einer wichtigen Bezugsperson sowie an den wichtigsten Affekten wie Trauer, Wut und Angst und an den am häufigsten genannten negativen Kognitionen wie Schuld- und Schamgefühlen. Des Weiteren sollten in diesen Standardgeschichten, allgemein gültige Körpersensationen wie ein allgemeines diffuses Spannungsgefühl im Körper (z.B. „der kleine Hund spürte die Wut in seinem ganzen Körper") benannt werden. Außerdem müsste identifiziert werden, welche Lieblingstiere am häufigsten genannt werden und welche unterschiedlichen Eigenschaften der Tiere repräsentiert sein sollten wie z.B. Katze (anschmiegsam und schnell) Hund (treu und verlässlich), Bär und Löwe (groß und stark). Auch sollten unterschiedliche Lebenswelten (Landtiere versus Wassertiere) benannt werden, um über ein breites Spektrum an unterschiedlichen Geschichten zu verfügen, das die unterschiedlichen Gefühlslagen der Kinder abbildet. Für den Therapieerfolg erscheint es unverzichtbar, die Aufmerksamkeit und das Interesse der Kinder zu wecken, indem in dem Narrativ eine Identifikation mit dem Lieblingstier ermöglicht wird.

- Die Verfasserin plant, sich zukünftig mit der Ausarbeitung des Standardverfahrens zu beschäftigen, da die mutmachenden Ergebnisse dieser Studie belegen, dass durch den Einsatz von Narrativen eine signifikante Reduktion posttraumatischer Symptome ermöglicht und das seelische Leid, von dem die Kinder betroffen waren, effektiv gelindert wurde. In diesem Zusammenhang sei auch die Erfahrung berichtet, dass ein traumassoziertes Symptom, das zunächst nicht mit dem Trauma in Verbindung gebracht wurde, durch die Behandlung reduziert werden konnte. Eine Pflegemutter eines schwer traumatisierten Jungen, der seit 2 Jahren in der Pflegefamilie lebte, berichtete, dass die schwere Enkopresis mit mehrmaligem täglichen Einkoten noch während der Behandlung mit Narrativen aufhörte.

• Ein möglicher Kritikpunkt der Studie ist die mangelnde Möglichkeit der Einschätzung der Effekte des stationären Settings für die Behandlungsgruppe im Gegensatz zur Kontrollgruppe, die in der Regel ambulant behandelt wurde. M.E. hat das stationäre Setting zum Behandlungserfolg beigetragen, so dass die Ergebnisse der Studie etwas zu positiv ausfallen. Dieser Effekt konnte jedoch in die Studie nicht berücksichtigt werden.

• Des Weiteren bleibt die Frage offen, welche Kriterienkataloge geeignet sind, die Breitbandsymptomatik von schwer traumatisierten Kindern zu erfassen. Die Ausgestaltung einer PTSD-Symptomatik nach DSM-IV bei Kindern unterscheidet sich m. E. von denen von Erwachsenen, so dass einige TherapeutInnen, die an der vorliegenden Studie mitgewirkt haben, von der Schwierigkeit berichteten, die 3 Leitsymptome der Intrusion, Vermeidung und Hyperarousal, die im ETI-KJ angelehnt an das DSM-IV genannt wurden, abzufragen bzw. zu beurteilen. Die grundlegenden Defizite in der Emotions- und Verhaltensregulierung, die auf sequentielle Traumatisierungen zurück zu führen sind und sich in unterschiedlichen Entwicklungsstufen in verschiedenen Ausprägungen zeigen, haben aktuell noch nicht Eingang in die gängigen Klassifikationssschemata gefunden, so dass Kinder mit PTSD oft nicht diagnostiziert werden. In diesem Kontext fiel auf, dass Kinder, die in die Kinder- und Jugendpsychiatrie eingeliefert wurden, vor dieser Einweisung bereits viele unterschiedliche Diagnosen erhielten (z.B. Störung des Sozialverhaltens, depressive Störung, Angststörung), ohne dass die darunter liegenden verursachenden und aufrechterhaltenden Faktoren einer Traumagenese berücksichtigt wurden. Auch die fehlende diagnostische Einschätzung hängt m.E. mit den gängigen Klassifikationsschemata zusammen, die dazu verleiten, die Breitbandsymptomatik eines von einer Traumatisierung betroffenen Kindes auf der rein deskriptiven Ebene zu betrachten und zu diagnostizieren. Daher ist zu überlegen, inwieweit eine neue Diagnose „Traumaentwicklungsstörung", die von van der Kolk (2009) vorgeschlagen wurde, eher geeignet sein könnte, die Komplexität und Breite der posttraumatischen Symptomatik bei schweren sequentiellen Traumata der Typ II-Traumata zu erfassen. Auf der anderen Seite sind die Gegenargumente ernst zu nehmen, die die „Aufweichung" gängiger Kriterienkataloge und eine Überlappung mit gängigen Krankheitsbildern (Bindungsstörung und Borderlineerkrankung) befürchten. Ein Verlassen der rein deskriptiven Ebene birgt die Gefahr, dass eine valide Diagnosestellung gefährdet wird. Bei der Abwägung der Pro- und Kontra-Argumente wäre daher zunächst eine valide Überprüfung der neuen Diagnose „Trauma-entwicklungsstörung" notwendig, bevor eine Einführung in die gängigen Klassifikationsschemata erfolgen könnte.

Vor dem Hintergrund diesen Erörterungen ergeben sich die folgenden weiteren Fragen bzw. Forschungsbedarfe:

- Ist der Therapieerfolg von Kindern mit schwerer Traumatisierung, die mit Narrativen behandelt wurden, dauerhaft stabil? Weitere follow-up Studien mit längeren Katamnesezeiträumen beispielsweise nach 1-3 Jahren, fehlen bisher.

- Bei weiteren Studien, die die Wirksamkeit mit Narrativen überprüfen, sollten die zu behandelnden Kinder in den Behandlungs- und Kontrollgruppen ausschließlich stationär untergebracht sein, um gleiche Bedingungen herzustellen.

- Kann eine mögliche neue Diagnose „Traumaentwicklungsstörung" valide das Krankheitsbild einer PTSD bei Kindern erfassen? Bisher gibt es dazu keine Forschungsergebnisse!

- Zur Behandlungen von Kindern im Vorschulalter sowie von Kindern mit schweren Traumatisierungen gibt es bisher nur unzureichende Befunde. Es besteht daher großer Forschungsbedarf hinsichtlich weiterer Studien, die die Behandlung von jungen traumatisierten Kindern und Kindern mit Komplextraumatisierungen intensiv behandeln.

9. Zusammenfassung

Die vorliegende Interventionsstudie untersuchte die Wirksamkeit des Einsatzes von Narrativen zur Traumakonfrontation in der Behandlung von Kindern mit posttraumatischer Belastungsstörung im Alter von 7-13 Jahren im stationären und ambulanten Setting. Die Stichprobe rekrutierte sich aus 37 Kindern mit der Hauptdiagnose einer posttraumatischen Belastungsstörung. 18 wurden in die Narrativgruppe aufgenommen und 19 gehörten der Kontrollgruppe an, in der keine Zusatzbehandlung mit Narrativen angeboten wurde. Narrative als eine Form der Traumabehandlung verbinden Traumakonfrontation mit stabilisierenden Elementen in einer kindgerechten Art und Weise. Die Kinder in der Behandlungsgruppe wurden mit mindestens 3 solcher Narrative pro Fall behandelt. Es wurden 3 Messzeitpunkte festgelegt, um die Wirksamkeit der Behandlung empirisch nachzuweisen. Ziel des Einsatzes von Narrativen war die Traumasynthese auf der Ebene der Affekte und Kognitionen sowie auf der Ebene der körperlichen Sensationen und vorherrschenden Sinneseindrücken unter Zuhilfenahme der Aktualisierung von allgemeinen und spezifischen Ressourcen. Die Ausgestaltung der Narrative orientierte sich stets an den schlimmsten Ereignissen, die von den Kindern zum Zeitpunkt der Behandlung noch als belastend erlebt wurden. Wesentliche Mittel der Narrative waren Kontextualisierung und Versprachlichung in Raum und Zeit sowie Ressourcenaktivierung und der Einsatz von Distanzierungselementen. Als Ergebnis konnte nicht nur eine signifikante Reduktion der posttraumatischen Symptomatik und der subjektiv empfundenen Belastungsreaktionen erzielt werden, sondern auch ein Rückgang der ängstlichen und depressiven Entwicklung. Als ein weiterer Effekt der Behandlung wurde beobachtet, dass die Kinder im Verlauf der Behandlung über die drei Messzeitpunkte eine verbesserte soziale Integration und ein angehobenes psychisches Funktionsniveau zeigten. Derartige Effekte blieben in der Kontrollgruppe dagegen aus. Aufgrund des Therapieerfolges bleibt perspektivisch zu überprüfen, ob sich das Verfahren als Standardverfahren für komplextraumatisierte Kinder im ambulanten und stationären Setting eignet. Dazu wäre die Ausarbeitung von Standard-Narrative sinnvoll, die sich an den meistgenannten schlimmsten Ereignissen, Affekten und negativen Kognitionen orientieren. Aufgrund der kleinen Stichprobe werden weitere Studien erforderlich sein, um die Validität einer Reduktion posttraumatischer Symptome durch diesen Ansatz vertiefend zu überprüfen. In der therapeutischen Arbeit wurde die Notwendigkeit des Ausbalancierens von Trauma und Ressource, insbesondere bei besonders chronifizierten Krankheitsverläufen, deutlich. Auf diese Weise wird die Überflutung mit traumatischem Material und dadurch ausgelöste psychische Instabilität vermieden, was die Gefahr des Abbruchs der Behandlung deutlich reduziert. Dieses Element müsste ebenfalls Eingang in ein neu zu konzipierendes Therapiemodul „Narrative" finden.

10. Literatur

1 Achenbach, T.M. & Edelbrock, C.S. (1984): Child Behavior Checklist. University of Vermont: Burlington.

2 American Psychiatric Association. (1980). Diagnostic and Statistical Manual of Mental Disorders. 3. Ed. Washington DC: American Psychiatric Association.

3 American Psychiatric Association. (1987). Diagnostic and Statistical Manual of Mental Disorders. 3. Ed. Rev. Washington DC: American Psychiatric Association.

4 American Psychiatric Association. (1994). Diagnostic and Statistical Manual of Mental Disorders. 4. Ed. Washington DC: American Psychiatric Association.

5 Balint, M. (1970) : Trauma und Objektbeziehung. Psyche. 24, 346-358.

6 Bender, D. & Lösel, F. (2005): Risikofaktoren, Schutzfaktoren und Resilienz bei Misshandlung und Vernachlässigung. In: Egle, U.T., Hoffmann, S.O. & Joraschky, P. (Hrsg.): Sexueller Missbrauch, Misshandlung, Vernachlässigung. 3. Aufl.. Stuttgart, New York: Schattauer.

7 Bergmann, M.S. & Jucovy, M.E. & Kestenberg, J.S. (1995): Kinder der Opfer, Kinder der Täter. Frankfurt am Main: Fischer.

8 Bettge, S. & Ravens-Sieberer, U. (2003): Schutzfaktoren für die psychische Gesundheit von Kindern und Jugendlichen-empirische Ergebnisse zur Validierung eines Konzepts. Gesundheitswesen. 65, 167-172.

9 Bohleber, W. (2000): Die Entwicklung der Trauma- Theorien in der Psychoanalyse. Psyche. 9/10, 821-833.

10 Bowlby, J. (1976): Trennung. München: Kindler.

11 Brewin, C.R., Andrews, B. & Valentine J.D. (2000): Meta-analysis of risk facors for Posttraumatic Stress Disorder in trauma-exposed adults. J Consult Clin Psychol. 68, 748-766.

12 Catani, C., Kohiladevy, M., Ruf, M., Schauer, E., Elbert, T. & Neuner, F. (2009): Treating children traumatized by war and Tsunami: a comparison between exposure therapy and meditation-relaxation in North-East Sri Lanka. BMC Psychiatry. 13, 9-22.

13 Chemtob, C.M., Nakashima, J. & Carolson, J: (2002) Brief treatment for elementary school children with disasterrelated posttraumatic stress diorder: A field study. J Consult Clin Psychol. 58, 99-112.

14 Copeland, W. E., Keeler, G., Angold, A. & Costello, E.F. (2007): Traumatic events and posttraumatic stress in childhood. Arch Gen Psychiatry. 64, 577-584.

15 De Roos, C., Greenwald, R., de Jongh, A. & Northoorn, E.O. (2004): EMDR versus CBT for disaster-exposed children; a controllend study. Poster presented at the EMDR Europe Conference, Stockholm.

16 Diephold, B. (2002): Schwere Traumatisierung in den ersten Lebensjahren. In: Biermann, G. & Endres, M. (Hrsg.): Traumatisierung in Kindheit und Jugend. 2. Aufl., S. 131-141. München: Reinhardt.

17 Ehlers, A. (1999): Posttraumatische Belastungsstörung. Göttingen, Bern, Toronto, (usw.): Hogrefe.

18 Ehlert, M. & Lorke, B. (1988): Zur Psychodynamik der traumatischen Reaktion. Psyche. 42, 502-532.

19 Eissler, K.R. (1963): Die Ermordung von wie vielen seiner Kindern muss der Mensch symptomfrei ertragen können, um eine normale Konstitution zu haben. Psyche. 17, 241-291.

20 Erhart, M., Hölling, H., Bettge, S., Ravens-Sieberer, U. & Schlack, R. (2007): Der Kinder- und Jugendgesundheitssurvey (KiGGS): Risiken und Ressourcen für die psychische Entwicklung von Kindern und Jugendlichen. Bundesgesundheitsbl-Gesundheitsforsch-Gesundheitsschutz. 50, 800-809.

21 Esser, G. & Blank, S. (2011): Wirksamkeit von Psychotherapie im Kindes- und Jugendalter. Prax Kinderpsychol Kinderpsychiatr. 60, 626-638.

22 Ferenczi, S. (1972): Sprachverwirrung zwischen dem Erwachsenen und dem Kind. Die Sprache der Zärtlichkeit und der Leidenschaft (1933). In: Sandor Ferenczi, Schriften zur Psychoanalyse. Band II, S. 317-330. Frankfurt: Fischer.

23 Fischer, F & Riedesser, P. (2009): Lehrbuch der Psychotraumatologie. 4. Aufl.. München, Basel: Reinhardt.

24 Flatten, G. (2010): 150 Jahre Psychotraumatologie. Trauma & Gewalt. 3, 190-199.

25 Freud, S. (2000): Hemmung, Symptom und Angst (1926). In: Sigmund Freud Studienausgabe: Psychologie des Unbewussten, Band III, S. 215-272. Frankfurt am Main: Fischer.

26 Freud, S. (2000): Jenseits des Lustprinzips (1920). In: Sigmund Freud Studienausgabe: Hysterie und Angst, Band IV, S. 227-308. Frankfurt am Main: Fischer.

27 Frühe, B., Kultalahti, T.T., Röthlein, H.-J & Rosner, R. (2008): Vorhersagbarkeit posttraumatischer Belastung bei Kindern und Jugendlichen nach traumatischen Ereignissen in der Schule. Kindheit und Entwicklung. 17, 219-223.

28 Goldbeck, L. (2010): Diagnostik von Traumfolgestörung. In: Fegert, J.M.; Ziegenhain, U. & Goldbeck, L. (Hrsg.): Traumatisierte Kinder und Jugendliche in Deutschland. S. 71-76. Weinheim, München: Juventa.

29 Gordon, T. (1970): Parent Effectiveness Training. New York: Guildford Press.

30 Grawe, K. & Grawe-Gerber, M. (1999): Ressourcenaktivierung. Ein primäres Wirkprinzip der Psychotherapie. Psychotherapeut. 44, 63-73.

31 Greenwald, R. & Rubin, A. (1999): Assessment of posttraumatic symptoms in children: development and preliminary validation of parent and child scales. Res Social Work Prac. 9, 61-75.

32 Hensel, T. (2006): Effektivität von EMDR bei psychisch traumatisierten Kindern und Jugendlichen. Kindheit und Entwicklung. 15, 107-117.

33 Hensel, T. (2007): EMDR mit Kindern und Jugendlichen. Göttingen, Bern, Wien (usw.): Hogrefe.

34 Heigl-Evers, A. & Kruse, J. (1991): Frühkindliche gewalttätige und sexuelle Traumatisierung. Prax Kinderpsychol Kinderpsychiatr. 40, 122-128.

35 Horowitz, M.J. (1976): Stress Response Syndromes. New York: Jason Aronson.

36 Hüther, G., Korittko, A., Wolfrum, G. & Besser, L. (2010): Neurobiologische Grundlagen der Herausbildung psychotraumabedingter Symptomatiken. Trauma & Gewalt. 1, 18-31.

37 Janet, P. (1904): L`Amnesie et al dissociation des souverirs par l`emotion. Journal Psychol. 4. 417-453.

38 Khan, M.R. (1963). The concept of cumulative trauma. Psychoanal Study Child. 18, 286-306.

39 Kardiner, A. (1941): The Traumatic Neuroses of War. New York: National Research Council.

40 Kapfhammer, H.-P., Dobmeier, P., Ehrentraut, S. & Rothenhäusler, H.-B. (2001): Trauma und Dissoziation- eine neurobiologische Perspektive. Psychotherapie. 6, 114-129.

41 Keilson, H. (1998): Sequentielle Traumatisierung bei Kindern durch man-made disaster. In: Biermann, M & Endres, G. (Hrsg.): Traumatisierung in Kindheit und Jugend. S. 44-58. München, Basel: Reinhardt.

42 Krüger, A. & Reddemann, L. (2007). Psychodynamisch Imaginative Traumatherapie für Kinder und Jugendliche. PITT-KID. Das Manual. Stuttgart: Klett-Cotta.

43 Kystral, H. (1968) (Ed.): Massive Psychic Trauma. International Universities Press: New York.

44 Kystral, H. (1991): Integration und Selbstheilung. Zur Psychodynamik posttraumatischer Belastungsstörungen. In: Stoffels, H. (Hrsg.): Schicksale der Verfolgten. Psychische und somatische Auswirkungen von Terrorherrschaft. S. 239-253. Berlin, Heidelberg, New York: Springer.

45 Lamprecht, F. (2000): Praxis der Traumatherapie. Stuttgart: Pfeiffer Verlag.

46 Lamprecht, F., Lempa, W. & Sack, M. (2000): Die Behandlung Posttraumatischer Belastungs-störungen mit EMDR. Psychotherapie im Dialog. 1, 45-51.

47 Landolt, M.A. & Hensel, T. (2006): Traumatherapie bei Kindern und Jugendlichen. Göttingen, Bern, Wien (usw.): Hogrefe.

48 Landolt, M.A. (2010): Effektivität der Traumatherapie bei Kindern und Jugendlichen. In: Fegert, J.M., Ziegenhain, U. & Goldbeck, L. (Hrsg.): Traumatisierte Kinder und Jugendliche in Deutschland. Weinheim: Juventa.

49 Lovett, J. (2000): Kleine Wunder. Paderborn: Junfermann.

50 Maercker, A. & Rosner, R. (Hrsg.) (2006): Psychotherapie der posttraumatischen Belastungsstörung. Stuttgart, New York: Fischer.

51 Mahler, M., Pine & F., Bergmann, A. (1999): Die psychische Geburt des Menschen (1975). 16. Aufl.. Frankfurt am Main: Fischer.

52 Mertens, W. (2000): Einführung in die psychoanalytische Therapie. Bd. 1, 3. Aufl.. Stuttgart, Berlin, Köln: Kohlhammer.

53 Neuner, F. (2009): Narrative exposure therapy versus interpersonal psychotherapy. A pilot randomized controlled trial with Rwandan genocide orphans. Psychother Psychosom. 78, 298-306.

54 Neuner, F., Schauer, M. & Elbert, T. (2009): Narrative Exposition. In: Maercker, A. (Hrsg.): Posttraumatische Belastungsstörung. 2. Aufl., S. 301-318. Heidelberg: Springer.

55 Niederland, W.G. (1980): Folgen der Verfolgung. Das Überlebenden-Syndrom. Frankfurt am Main: Suhrkamp.

56 Onyut, P.L., Neuner, F., Schauer, E., Ertl, V., Odenwald, M., Schauer, M. & Elbert, T. (2005): Narrative Exposure Therapy as a treatment for child war survivors with posttraumtic stress disorder: Two case reports and a pilot study in an African refugee settlement. BMC Psychiatry. 5, 1-9.

57 Puffer, M.K., Greenwald, R. & Elrod, D.E. (1998): A single session study of EMDR with children and adolescents distressed by a traumatic memory. Traumtology. 3, Article 6.

58 Ravens-Sieberer, U., Wille, N., Bettge, S. & Erhart, M. (2007): Psychische Gesundheit von Kindern und Jugendlichen in Deutschland. Bundesgesunheitsbl-Gesundheitsforsch-Gesundheitsschutz. 5/6, 871-878.

59 Reddemann, L. (2001): Imagination als heilsame Kraft. München: Klett Cotta.

60 Regionales Rechenzentrum für Niedersachsen/Universität Hannover und Fachrichtung Psychologie der Universität des Saarlandes, Saarbrücken (2004): SPSS- Durchführung fortgeschrittener statistischer Analysen. 4. Aufl.. Saarbrücken: Universität Hannover.

61 Remschmidt, H. & Schmidt, M.H. (Hrsg.) (1996): Multiaxiales Klassifikationsschema für psychische Störungen des Kindes- und Jugendalters nach ICD 10- der WHO. 3. Aufl.. Bern, Göttingen, Toronto (usw.): Huber.

62 Rosner, R. (2010): Sind unsere diagnostischen Methoden adäquat? In: Fegert, J.M., Ziegenhain, U. & Goldbeck, L. (Hrsg.): Traumatisierte Kinder und Jugendliche in Deutschland. S. 64-70. Weinheim, München: Juventa.

63 Rost, C. (Hrsg.) (2008): Ressourcenarbeit mit EMDR. Paderborn: Junfermann.

64 Ruf, M., Schauer, M., Neuner, F., Schauer, E., Catani, C. & Elbert, T. (2008): KIDNET- Narrative Expositionstherapie (NET) für Kinder. In: Landolt, M. & Hensel, T.: Traumatherapie bei Kindern und Jugendlichen. S. 84-110. Göttingen, Bern, Wien (usw.): Hogrefe.

65 Ruf, M. , Schauer, E., Neuner, F., Catani, C. & Elbert, T. (2010): Narrative exposure therapy for 7 to 16 years olds: a randomized controlled trial with traumatized refugee children. J Trauma Stress. 23, 437-445.

66 Runyan, D., Wattam, C., Ikeda, R., Hassan, F. & Ramiro, L. (2002): Child Abuse and Neglect by Parents and Other Caregivers. In: Kurg, E.G., Dahlberg, L.L., Mercy J.A., Zwi, A.B. & Lozano R. (Eds.): World Report in Violence and Health. S. 59-86. Geneva Sitzerland: World Health Organization.

67 Saß, H., Wittchen, H.-U., & Zaudig, M. (2003). Diagnostisches und Statistisches Manual Psychischer Störungen – Textrevision – DSM-IV-TR. Göttingen: Hogrefe.

68 Saxe, G, Ellis, B. & Kaplow, J. (2007): Collaborative Treatment of Traumatized Children and Teens: The Trauma Systems Therapy approach. New York: Guildford Press.

69 Schaal, S. & Elbert, T. (2009): A Treatment Study of Rwanda Orphans- Narrative Exposure Therapy versus Interpersonal Therapy. In press. In: Landolt, M.A. & Hensel, T. (2006): Traumatherapie bei Kindern und Jugendliche. S. 106. Göttingen, Bern, Wien (usw.): Hogrefe.

70 Scheck, M., Schaeffer, J.A. & Gilette, C. (1998). Brief psychological intervention with traumatized young women: The efficacy of eye movement desensitiziation and reprocessing. J Trauma Stress. 11, 25-44.

71 Scheeringa, M.S., Zeanah, C.H., Myers, L. & Putnam, F.W. (2003): New findings on alternative criteria for PTSD in preschool children. J Am Acad Child Adolesc Psychiatry. 44, 561-570.

72 Scheeringa, M.S., Zeanah, C.H., Myers, L. & Putnam, F.W. (2005). Predictive validity in a prospective follow-up of PTSD in preschool children. J Am Acad Child Adolesc Psychiatry.42, 899-906.

73 Scheeringa, M.S., Wright, M.J, Hunt, J.P. & Zeanah, C.H. (2006): Factors affecting the diagnosis and prediction of PTSD symptomatology in children and adolescents. Am J Psychiatry.163, 644–651.

74 Schleiffer, R. (2009): Der heimliche Wunsch nach Nähe: Bindungstheorie und Heimerziehung. Münster: Amazon.

75 Schmid, M. (2007): Psychische Gesundheit von Heimkindern. Eine Studie zur Prävalenz psychischer Störungen in der stationären Jugendhilfe. Weinheim: Juventa Verlag.

76 Schmid, M., Fegert, J.M. & Petermann, F. (2010). Traumaentwicklungsstörung: Pro und Contra. Kindheit und Entwicklung. 19, 47-63.

77 Schmid, M. & Goldbeck, L. (2010): Kognitiv-verhaltenstherapeutische Ansätze für die Behandlung von komplex traumatisierten Jugendlichen. Prax Kinderpsychol Kinderpsychiatr. 59, 453-476.

78 Schubbe, O. (2006): Traumatherapie mit EMDR. 2. Aufl.. Göttingen: Vandenhoeck & Ruprecht.

79 Shapiro, F. (1995): Eye Movement Desensitization and Reprocessing: Basic Principles. Protocols and Procedures. New Yourk: Guilford Press.

80 Simons, M. & Herpertz-Dahlmann, B. (2008): Traumata und Traumafolgestörungen bei Kindern und Jugendlichen-eine kritische Übersicht zu Klassifikation und diagnostischen Kriterien. Z Kinder Jugendpsychiatr. 36, 151–161.

81 Sobermann, G.S., Greenwald, R. & Rule, D. (2002). A controlled study of eye movement desensitization and reprocessing (EMDR) for boys with conduct problems. J. Aggression Maltreat. Trauma. 6, 217-236.

82 Spitz, R.A. (1965, dt. 1967): Vom Säugling vom Kleinkind. Stuttgart: Klett.

83 Steil, R. & Rosner, R. (2009). Posttraumatische Belastungsstörung. Göttingen: Hogrefe.

84 Stern, D.N. (1985): The Interpersonal World of the Human Infant. New York: Basic Books.

85 Stiensmeier-Pelster, J., Schürmann, M. & Duda, K. (2000): DIKJ- Depressions-Inventar für Kinder und Jugendliche. Göttingen: Hogrefe.

86 Streeck-Fischer, A. (2007): Probleme in der Diagnostik und Behandlung traumatisierter Kinder und Jugendlicher. In: Lamprecht, F. (Hrsg.): Wohin entwickelt sich die Traumatherapie? S. 52-70. Stuttgart: Klett- Cotta.

87 Streeck-Fischer (2010): Evaluation der stationären psychodynamisch orientierten Psycho- und Soziotherapie von Kindern und Jugendlichen mit einer Störung von Aufmerksamkeit, motorischer Aktivität und Impulskontrolle. Zwischenbericht, Asklepios Fachklinikum Tiefenbrunn. Online-Publikation;www.kliniken.de/qualitaetsberichte/download/37124-Rosdorf-Kr-Goett-Asklepios-Fachklini-.

88 Tagay, S., Düllmann, S., Hermann, E., Repic, N., Hiller, R. & Senf, W. (2011a): Das Essener Trauma-Inventar für Kinder und Jugendliche (ETI-KJ). Z Kinder-Jugendpsychiatr Psychother. 39 (5), 1-9.

89 Tagay, S., Repic, R., & Senf, W. (2011b): Traumafolgestörungen bei Erwachsenen, Kindern und Jugendlichen. Psychotherapeut. 1-12.

90 Terr, L. (1991): Childhood traumas: An outline and overview. Am J Psychiatry. 148, 10-20.

91 Thyen, U. & Kirchhofer, F. & Wattam, C. (2000): Gewalterfahrungen in der Kindheit- Risiken und gesundheitliche Folgen. Gesundheitswesen. 62 (6), 311-319.

92 Van der Kolk, B.A. & Fisler, R. (1995): Dissociation and the fragmentary nature of traumatic memories: Overview and exploratory study. J Trauma Stress. 8, 505-525.

93 Van der Kolk, B.A., McFarlane, A.C. & Weisaeth, L. (Hrsg.) (2000): Traumatic Stress. Paderborn: Junfermann.

94 Van der Kolk, B.A. (2009): Entwicklungstrauma-Störung: Auf dem Weg zu einer sinnvollen Diagnostik für chronisch traumatisierte Kinder. Prax Kinderpsychol Kinderpsychiatr. 58, 572-586.

95 Weinberg, D. (2006): Traumatherapie bei Kindern. 2. Aufl.. Stuttgart: Klett Cotta.

96 Weltgesundheitsorganisation Regionalbüro für Europa: Weltbericht Gewalt und Gesundheit, 2003, Online-Publikation; www.who.int/violence/world_report/en/summary.

97 Wetzels, P. (1997): Zur Epidemiologie physischer und sexueller Gewalterfahrungen in der Kindheit. Kriminologisches Forschungsinstitut Niedersachsen e.V. (KFN). Forschungsbericht. 59, 1-25.

98 Wetzels, P., Pfeiffer, C. & Enzmann, D. (1999): Innerfamiliäre Gewalt gegen Kinder und Jugendliche und ihre Auswirkungen. Kriminologisches Forschungsinstitut Niedersachsen e.V. (KFN). Forschungsbericht. 8, 1-49.

99 Wieczerkowski, W., Nickel, H., Janowski, A., Fittkau, B. & Rauer, W. (1998): AFS- Angstfragebogen für Schüler. 2. Aufl.. Göttingen: Hogrefe.

100 Wolfe, V.V., Gentile, C., Michienzi, T., Sas, L., & Wolfe, D.A. (1991): The Children`s Impact of Traumatic Events Scale: A measure of post-sexual abuse PTSD symptoms. J Psychopathol Behav Assess. <u>13</u>, 359-383.

11. Danksagung

An dieser Stelle wären viele Personen zu nennen, die die vorgelegte Arbeit erst möglich machten.

Ich bin mir darüber bewusst, dass ohne das Mitwirken vieler KollegInnen, die sich wissbegierig und kollegial an dieser Studie beteiligt haben, ohne die Unterstützung meiner Vorgesetzten und nicht zuletzt ohne die Bereitschaft der Angehörigen und Eltern sowie der Kinder selbst, sich auf das beschriebene Verfahren einzulassen, diese Arbeit nicht möglich gewesen wäre.

An dieser Stelle möchte ich jedoch zwei Personen namentlich erwähnen: Herrn Dr. Psych. Sefik Tagay von den Rheinischen Kliniken Essen, Klink für Psychosomatische Medizin und Psychotherapie, der meine Arbeit wissenschaftlich begleitet hat. Seine kompetenten Anregungen und seine menschliche Unterstützung waren sehr hilfreich und immer motivierend. Ihm möchte ich dafür ausdrücklich ganz herzlich danken!

Herrn Thomas Hensel vom Kindertraumainstitut aus Offenburg möchte ich hier auch nennen, da er mich erst inspiriert hat, Narrative als eine Methode in der Behandlung von traumatisierten Kindern einzusetzen.

MIX
Papier aus verantwortungsvollen Quellen
Paper from responsible sources
FSC® C105338

Printed by Books on Demand GmbH, Norderstedt / Germany